「男の自信」のつくり方

潮凪洋介
Yosuke Shionagi

あさ出版

プロローグ

つまり、「男の自信」とは何なのか

●女が欲しいのは「強いDNA」

男の自信とはいったい何なのか？
収入？　学歴？　社会的地位？

男の自信とはありえない早さで女性を惹き付け、腰砕けにさせる魅力のことである。
それは１００年後まで繁殖できるDNAが、あるかどうかともいえる。

オットセイは一番強いオスが、何十頭ものメスを従えてハーレムをつくる。鹿もしかり。ライオンも強いオスが、メスを数頭引き連れて生活をする。

一番強いオスのみが、繁殖できるのだ。

メスは強いオスと一緒にいれば守ってもらえ、獲物が得られやすく、子育てもしやすい。強いオスの子供は強いから、生んだ子供もまた生き残る。

それは、大自然の原理原則――つまりは、種の保存の原理原則に即した能力ともいえる。

旧石器時代の話をしよう。

人類が生まれ、200万年前から紀元前1万年前までの約198万年間のこと。

ヒトはお腹が満たされると昼夜を問わず、近くにいる異性と愛の時間にのめりこんだという。

しかも自由恋愛——誰とどんな色恋を楽しむのも自由、あるいは繁殖活動をするのも自由であった。弥生時代は多夫多妻制だったという説や、乱婚制であったとも言われている。つまり、恋愛、結婚、横恋慕やりたい放題だったということだ。

また、特定の相手と結婚するのではなく、さまざまな相手と数多く同時に結婚する集団婚という文化も存在した。

いずれにせよ、**メスを手に入れることができるのは、戦闘能力、知力、求愛力、繁殖力の強いオスのみ。**

彼らだけがより多くの、より上質な女性を手にし、多くの優秀なDNAを拡散させた。

つまりは、我々のこの文化や命は、命がけの愛欲競争とそのリレーの上に、より強い種だけが生き残り、築かれたものといえる。

●世の中「フェロモンが退化した男」が多すぎる！

ただ、現代人間社会における強さは、「仕事ができる」「財力がある」などになるのかもしれない。他のオスを蹴散らす戦闘能力は、この秩序化された平和社会では直接的には求められないからだ。

しかし、どうだろう。

世の中には仕事ができ年収だって平均以上という、社会的には強者のはずなのに、女性から相手にされない弱いオスが存在する。しかも、大量にだ。

その一方で、一極集中の現状を語ればきりがない。

以下は私の周囲のモテ男達において、これまでに起こってきた現実だ。

約100~200人のモテ男たちの生態と一極集中ぶりを、30年近く観察してきたうえでの一部である。

・夜のクラブやスタンディングバーで出会い、そのまま美女を膝の上に座らせ、美

女に帰りたくないと言わせる男
・ホームパーティなどで仲良くなった美しい女性と、公然と複数非独占的に交際している男
・既婚にもかかわらず独身の複数の女性から慕われ、プライベートの時間がはなやいでいる男
・離婚後、魅力的な20～40代の女性に囲まれ、第二のはなやぎ人生を送っている男
・飲み会を開くと必ず「あの人素敵ね」となり、2回目以降の女性の出席率をあげてくれる男
・自分からそれほど口説いたわけでもないのに、気づくと女性とお泊まりしてしまう男
・添い寝フレンドが、10人以上いる男

それほど自分を売り込まなくても、このような状況がつくれる男はザラにいる。

彼らはカネがあろうとなかろうと、地位があろうとなかろうと、学歴があろうとなかろうと、見た目がどうであろうと、**自分のDNAに潜在意識のなかで絶対的な自信**

を持っている。

メスを惹き付け、発情させ、子孫を残す力を持っている自分を、本能的に自覚している。

彼らは自信がみなぎり、いつでも自然体である。

この平和な日本の現代社会においても、やはり**最強の自信男は、「求愛上手で繁殖上手なオス」**なのである。

オスのゆるぎない自信は、彼らのような能力を持ったオスのなかに宿るのだ。

いかに腕力が強かろうと、収入が高かろうと、あるいは学歴や地位やルックスがあろうと、女性を惹き付ける自信がない男は求愛に失敗する。

なぜならDNAレベルの能力におけるコンプレックス、そして敗北感が消えることはなく、それゆえに自信も持てないという構図が存在するためだ。

子孫を残す力が強いオス、つまりはメスに受け入れられる力が強いオスこそが、必然的に「オスの自信」を身にまとう。

さて繁殖力や求愛力が弱く、女性にまったく刺さらない現代の男性――これはいかにして、つくられてしまうか？

現代文化のシステムが、実はこの繁殖力の弱いオスをつくり出している。

画一化、ルール化、倫理化、法律化され、恋愛、欲望までシステム化された社会。

人生を楽しみ、魂を謳歌する感覚を忘れた人々。

仕事のための仕事をし、競争するために競争し、人間ありきの経済ではなく、経済ありきの人間生活と化した現代日本。

これが、元凶であると私は思う。

原始の感覚がそぎ落とされたオスたちは、女性と話せない。口説けない。

街はフェロモンが退化したオスのオンパレードだ。

学歴はあるのに、年収は高いのに、求愛力と繁殖力が枯れ果てたオス。

あるいは収入や地位がないからといってあきらめてしまい、フェロモンが退化したオス。

あなたはどうか？

自分の求愛力、繁殖力、そして過去の恋愛、色恋、アバンチュールの戦歴にしっかり自信を持てているだろうか？

もし自信が持てていないという人も安心してほしい。

本書を読めば必ず求愛力、繁殖力を挽回できる。

●女性に、この〝思い込み〟を持っていないか

話題は変わり、あなたに一つ質問がある。

女性は恋愛に関してつつましく、奥ゆかしい存在だと思うだろうか？

「Ｙｅｓ」と答えたあなた。おそらくあなたの求愛力も繁殖力も、もうすでに危ない。

自信も色気も、他のオスよりも劣っている可能性が高い。

それは女性、つまり人間のメスのことを、間違って認識しているからだ。

はっきり言おう。

女性は男性よりもむしろ、恋愛や色恋沙汰に敏感でどん欲である。

実は女性のほうが、突発的な恋の瞬間を探しているということだ。

なぜそんなことが言えるのか、と思うだろうか。

その理由は女性はアプローチを受け取り、見極め、絞りこむのが仕事だから。

それゆえ、受信機が男よりも発達しているのだ。

むしろ男のほうが鈍感であり、遊び人でも女性からのアバンチュール的な誘いを見抜けないことも多い。

その点、**自信にあふれる男は、この女性が受信機を開いてサーチしている状態であるかどうかを見極めるのが実にうまい。**その開いている女性の懐に、マイルドに入り込む。風のように——。だから街でも自然に仲良くなれる。

もう一度言おう。

女性は仕事中だろうが、街を歩く時だろうが、夜の盛り場だろうが、いい女であればあるほど、オスのあふれる周波数《フェロモン》をいつも受け止めようとしている。

そのためのチューニングを会話をとおしておこない、それを察知した瞬間、どん欲に取り入れる。

「女性には、つつましやかにいてほしい」——それは男性の勝手な願望に過ぎない。

ましで、**「つつましやかでいるべきだ」——は、完全な押しつけ**でしかない。

この〝思い込み〟と〝押しつけ〟を持つ男は、一生、女性と満足いく関係をつくれない。

一生妄想し続けるか、男性からのニーズが低い女性と、おこぼれ的につがいになり、一生を終える。

男の自信を身につけたいなら、まずもって女性は本来奔放で色恋に敏感で、どん欲で、男性よりもその取捨選択能力に優れ、そして発情しやすい——そのように認識を変えるべきである。

●強くて繁殖力のあるオスになるか？ ならないか？ ——それはあなた次第

いったいどれほどの女が、妥協婚をしてきたか？　一途な男性を、安全性を優先して選んできたか？　倫理観に縛られて、衝動を殺しているか？

その数は想像を絶する。

女性には古来から受け継がれた、強く魅力的なオスを求めるという本能が存在する。

その結果、魅力的なオスへの逆求愛は一極集中し、「魅力的なオスの群れ」にはその何倍もの数のメスの群れが群がる。

その一方、魅力的ではないオスのDNAは必要とされない。

たしかに女性においては、一途な男性を選ばなければいけない時期もある。

巣を守ってくれるオスを選び、つなぎとめるという、これもまた、本能からくるものだ。子育てをしている最中の、身の安全保障を考えれば、一途で誠実で自分だけを見てくれるオスがいいだろう。

しかし、それは**巣づくりのための選択**である。

人間のメスたちは、本能を抑圧して得た〝繁殖ツール〟に対して仁義を守りながらも、その本能の行き場所を探している。

巣を持ちながらも、より強く魅力的なオスを求めているメスは無数に存在する。

メスは本来、子育ての時期が過ぎればまた他のオスを選ぶ。オスは使い捨て、強いオスのDNAだけが求められる。

メスは強いオスのDNAだけもらって繁殖したい――これは、ヒトがまだヒトともいえぬ時代からの、自然の掟である。

メスは弱いオスのDNAは、必要としない。

「求愛力」と「繁殖力」を持ったオスのDNAだけを命がけで求める。

オスは遺伝子提供のツールに過ぎない――そういっても過言ではないのだ。

しかも、女性は根本的に過去の恋に対しては、「上書き保存」だ。

むしろ、男のほうが過去の思い出を、別々のフォルダに永久保存をする。

女性はあなたが思うよりもっと新しい恋、自由な恋への欲求が強い生き物。つまり自由恋愛かつ、恋多き生き物なのである。

この本能はどんなに文明が発達しても変わらない。強くて繁殖力のあるオスになるか？　ならないか？　それはあなた次第である。

●女も男も動物であり〝自然界の一部〟

今、女性が〝いい意味〟で原始化している。

巣はいらない、一生いらない。でもつがいにはなりたい。

本能を満たしたい。

巣はあるが、もっと恋がしたい。

法律に縛られた形骸的な巣はあるが、ときめきがない。

巣があり安心だが、幸せではない。他の男との時間がほしい――そんな自分に正直な女性があふれている。


女性が抑圧から放たれ本能に従い、自由になりはじめたこの時代に、男女のあり方も変わりはじめた。


そんな本能を取り戻した女性たち。

今、「そうした欲望と好奇心を受け止める場所」が女性には必要なのだ。

男も女も動物、自然界の一部である。

恋愛、色恋を自由に主張し、男を抱きたいと堂々と言う女性がいる。実際は彼氏がいたり、あるいは結婚していても、DNAからの指令には逆らえない女性たち。世の中には不倫や横恋慕、女性による複数交際などの恋愛現象が後をたたない。

ある39歳の女性は、経済的に豊かな男性のもとに嫁いだが、旦那以外に複数の「燕《つばめ》」――つまり年下の恋人を飼っている。

こういう女性はもはや、めずらしくなくなっている。

とくに大都市圏においては乱婚、共同婚とまではいかなくとも、彼氏・彼女、あるいはパートナーがいようといまいと、愛欲の充足活動をする女性が無数にいる。その数は100人や200人ではない。数万、数十万人、衝動だけなら数百万人に上るはずだ。

ホンネと建前が、女性の細胞一つひとつのなかで戦っている。

男の自信を身につけたいなら、この「女性の本能的衝動の存在」に気づくことが第一歩となる。女性のうずまくホンネと衝動を知り、周波数を合わせること。それがあなたの求愛力鍛錬、繁殖力鍛錬の第一歩となる。

●女はもっと「夢」を見たい

人間社会は原始の頃より一夫多妻制であった。あるいは自由恋愛、つまり自由につがいになることができた。

現在の一夫一妻制はつい最近になってからの話である。

たしかに秩序は保たれた。しかし何かを失っていないだろうか？

「一夫多妻制を実行しろ！」

そこまでは言わない。

しかし、もうすこし自分の本能を解放し、自己責任のもと、魅力的なメスに思いを馳せたり、仲良くしたりして、TPOのなかで男女のコミュニケーションを楽しんでも、よいのではないだろうか？

メス達はもっと夢を見たいのだ。せめて遊びにおいては、刺激的で野生の本能を鼓舞する「模擬繁殖求愛活動」を楽しみたいのである。

もちろんそれを公言するのはタブー。浮気しないから、安定しているから、まじめだからと、一夫一妻制に適した夫や彼氏を選ぶ女性がほとんどだ。

もちろん実際に一夫多妻制にするには、現在の法律上ではお金がかかりすぎる。

ただ、法律で認められないにしても、女たちは疑似繁殖ゲームのなかだけはせめて「強いオス」に群がりたいと思っている。

女性の発情をうながし、受け止め、良好な関係をつくることができる「発情促進機」となるオスが必要とされている。

女性から必要とされる——求愛力が高く繁殖力もある魅力的な男が。

ステディ以外は寸止めにする。あるいは会話にとどめる。

既婚者はそれでいい。

もちろんフリーの人は、自由にロマンスを広げよう。

大切なのは、「この能力を持っているかどうか?」ということだ。

あなたが、本当の自信を得るために必要な力を、身につけて行こう。

●男の「自信」は努力で身につく！

仕事ばかりしていては、あなたは強いＤＮＡの持ち主になれない。

つまりメスを惹き付けられないのである。


過労で乾ききった、繁殖力のない小金持ち。

求愛繁殖のセンスが強い、艶のある平均収入男性。


１００年後まで繁殖するのはどっちか？

答えは後者である。

だから年収が高くない人も希望を持ってほしい。年収などというものは就職した会社の状況や規定に左右される。いわば運といってもいいだろう。

しかしこの**「自信」だけは、自分の努力でどうにでもなる。**

ただ、ここではっきり言っておきたいことがある。

恋愛下手や女性が苦手な人は、結果的にビジネスにおいても人生においても、「強者」になれない。つまり自信を抱くことはない。

求愛力に乏しく繁殖力も弱い――つまり遺伝子が途絶える。

そんな予感をはらんだオスが自信を持って人生をまっとうし、生命活動を後悔なくやりきることができるだろうか？

その答えは限りなくＮＯであると考える。

自信がない――。
男らしくない――。
不安が消えない――。
生きる意味が見いだせない――。
それはすべて「求愛力」と「繁殖力」の欠如が原因なのである。
もう一度言おう。最強の男とはどんな人のことをいうか？

求愛・繁殖の王者こそが、群れ最強のオスということになる。


あなたはどうか？

生き残る、繁殖する力は十分だろうか？

空っぽの心を満たすために、ただ仕事を頑張り、すべてを金に換算し、あるいは「家族のために」と思いを抱き、毎日、苦しい努力をしていないだろうか？

それはそれで、すばらしいことである。

しかし、私はあなたがもっと自然体になっていいと思う。

学歴や地位がなくとも、年収が5000万円なくとも、求愛・繁殖の最強王者になれるのだから。

100年後、300年後、もっとも多くの子孫を残す能力を持つことができるのだ。

もちろん、仕事、人間関係、そのすべてにおいてもうまくいく。

繁殖力を身につけよう。その能力を身につけ、人生に対する自信をみなぎらせよう。

大金持ちになっても、繁殖力と求愛力がなければ、あなたは本当の自信を身につけられない。

●女性をもっと「骨抜き」にしてみよう

もともと努力家の男が本書を読めば、もう向かうところ敵なしになる。本書を3回読み終わる頃には町中、どこもかしこも、色恋を楽しみたい女性の群れに見えてくるはずだ。

もちろん妻や恋人を幸せにすることは、大切なことである。

しかし、それ以外の場所で、女性を骨抜きにしてはいけないという法律はない。

あなたが男の自信を磨きフェロモンを振りまき、女性たちが勝手に発情したとしてもあなたには罪はない。香りを振りまく花のようなものなのだから。

健全な友好関係を築きながら楽しめばいい。

その結果、女性から腕を絡ませてきたり、フレンチキスを仕掛けてくるかもしれない。恋愛モードへのいざないが、生まれるやもしれない。

ここから先は、あなたの自己責任だ。

誰も傷つけない状態で楽しむもよし、あるいは、ギリギリのところで寸止めするのもいい。

あなたの男の魅力、フェロモン、色気を増強すれば毎日はパラダイスだ。

会社だって素敵な上司がいたほうが、職場ははなやぎ、活気に満ちる。

あるいは素敵な女性からの「ほのか」な好意のビームを受けながら、しかし、それにのめりこみすぎない状態で日々を過ごす。

それは男冥利につきる、というものではないか。

3組に1組が離婚すると言われる今、既婚者でも未来の幸せのために、広くあまねく恋の種をまきながら、色気を維持して過ごせばいい。

ときおりのハプニングを寸止めしながら男の自信を維持し、いざというときは、新しい未来へとスムーズに移行する。

そのスタイルが、不自然だとは思えない。

何百万年もの間、人類はオスとメスがそれぞれ不特定多数、つがいになってきた。そして子孫を残した。

その長い歴史の視点から見れば、これが「不自然」というほうが不自然ではなかろうか。

生涯で心に決めたせいぜい１人か２人の女性。発情させられるのはたったそれだけ。これは大自然の法則に反する。

●あなたのDNAは「強いオスのそれ」となる！

さて本書は、私個人の経験を語った類の本ではない。

「個人的な経験」などという、属人的であまり参考にならないお話ではなく、あくまでリサーチャーであり、分析者という立場から冷静にお届けする。

本書には、実在の女性を骨抜きにしたオスたちの話だけを紹介しており、その〝サンプル数〟たるや膨大な数である。妄想はもちろん皆無である。

オスのなかのオスが実践してきた、「男の自信のつくり方」――これをあなたにお届けしたい。

ただし、だからといって精力剤のような話ばかりではない。

とくに注意したいのが、モテなかった人間がどこぞの恋愛マニュアルを読み、女性をベッドに誘うためなら、傷つけようが、嘘をつこうがおかまいなしといった、下衆《げす》な方向に走ることだ。

そのスタンスだけは、避けるべきという戒めも紹介してある。

痛くて目もあてられないし、私はそれを真のオスとは認めない。

フェロモンの交換をしあった女性全員を幸せにし、一生の友情を結ぶくらいの余裕と、品格と文化を持ちたいものだ。

このスタンスがビジネス、交友関係、そして自己実現、さらには日々の充実感をおおいに左右する。

本書は、あなたのDNAを繁殖力と求愛力が強いオスのそれへと書き換える。

女性を惹き付け、そして心地よい時間を提供し腕を絡ませたい、フレンチキスしたい、ハグしたいと「生理的に思わせられるかどうか」――。

まずは、それがゴールである。

その先どうするかは、あなたにおまかせしたい。

目次

プロローグ
つまり、「男の自信」とは何なのか

1章　「女」が放っておかない男《オス》とは

2章

「まじめ」ばかりでは、つまらない

3章 男は「場所」でつくられる!

4章 この「しぐさ」「身だしなみ」に〝グッと〟くる

5章 「仕事」をどうとらえるか

6章
「寒い男」にならない5つの原則

本文デザイン／荻原弦一郎
（デジカル）

1章

「女」が放って
おかない男《オス》とは

世の中の「恋愛格差」を知る

世の中には、ほとんどの人が口にしない「社会格差」がある。
それは**恋愛格差**だ。
経済格差は問題にするのに、「恋愛格差」は聞かない。
ただ、**世の中には、とてつもない恋愛格差が存在する。**
モテる人はどんどんモテ、モテない人は底なしに孤独になってゆく。
この格差のヒエラルキーの下の方の人は、一生自信を持つことができない。

その証拠に、女性であれば一生のうちで一回のナンパもされず、口説かれず、さらには男性から恋愛目的でご馳走されない人がいる。
一方で、生涯で何百回もナンパされ、口説かれ、飲み会のオファーは毎日、告白を断るのが大変なぐらいという人、また生涯に男性から、恋愛目的でご馳走された合計金額が、数千万円に上る人も決して珍しくない。

男性の場合も同じ。いや、**もっと格差が激しいかもしれない。**
女性からのニーズがまったくない。求めても断られる人がいる。

誰も言わない、誰も論じないこの格差。

この国をつくってゆくのはピラミッドの上の方の自信男――オスとしてのフェロモンと自信を持ち、女性を惹き付ける男性たちだ。

女性に求められ、子孫をつくることができる――彼らが日本の人口増加の担い手となる。

同じホモ・サピエンスといっても、同じオスとくくるには、違う生物であるかのごときである。

そして、女は男が、どの〝オス・ヒエラルキー〟に属しているのか、本能レベルで簡単に見抜く。しかも、会った瞬間に――見抜く。

メスにはもちろん、オスにはもっと過酷な「モテ」を軸とした、群れの階層があるのだ。

モテ・ヒエラルキーの上層部の人と、下層部の人では女性とのコミュニケーション能力がまったく違う。

同じような学歴、年収、社会的地位でも、その差異は顕著に存在する。なかには、それらに劣る人のほうがモテる場合もある。

モテ・ヒエラルキーの違いなのだ。

自分は大丈夫——そう、タカをくくっている人も気をつけたほうがいい。

いくら、女性の多い場所に行こうとも、結婚相談所に登録しようとも「コミュニケーション慣れしていない状況」では、なかなか良い関係はつくれないものである。

心当たりがある人は、この事実を受け止めることから始めよう。

学歴、年収、地位より〝コミュニケーション力〟

「出会いの苦行ハイ」を楽しめ！

あなたを適当な言葉でたきつけて、人生を狂わせてしまうつもりはない。

だから、**本当のことをしっかり伝えたい**と思う。

私は過去に異性と出会っても出会っても空振り続き、無視され、放置され、心が壊れてしまいそうになった男性を何人も見てきた。

どんなに頑張っても、女性から受け入れられない。友達にすらなれない男たち。

出会いの場に行くということ――それは、彼らにとっては、想像を絶する苦行である。

出会い続けるという修業――。これはやり続けたからと言って、すぐに成果が出るわけでもない。たしかに運気が向いてきたり、女友達が増えはじめたり、あるいはモテはじめる人もいた。

しかし、その経過においては、苦しく暗い道を歩くことを余儀なくされる人のほうが多い。

すぐに効果を期待する人ほど折れやすい。

一つだけ確実なことは、**「出会いの苦行」を楽しむことなしには、「男の本能的自信」を身につけることはできない**ということ。

つまり、魅力的な異性と出会い続けるライフスタイルを放棄し、勉強や仕事、あるいはスポーツに集中し、自分を磨いたつもりになっても、それだけでは思ったような成果が得られないということだ。

自分磨きをしながらも、出会いの苦行はサボってはいけないのである。

出会いの苦行――そして苦行ハイ。ここでハイと書いたが、これはランナーズハイと同じ意味をなす。

出会って、出会って、出会いまくる。ときに傷つき、ときに感動し、ときに憎む――その過程で恐怖が和らぎ、緊張が麻痺し、傷も麻酔が効いた状態になる。

この状態が維持され、快楽や、確信や、達成感、さらには絆を噛みしめる。

それが出会いの苦行ハイである。

その**ハイ状態の全力疾走の先にこそ男の自信が待っている**。

あなたも自信がないと嘆く前に、この出会いの苦行を体験してみてはどうか。いくつになっても、遅すぎるということはない。

もうダメだ……となり、疲れ果てるといったん脱力の時期がやってくる。

しかし、この時期は、自分の実力を思い知る絶望の時期でもある。

一回行動をやめて、活動を小休止する。肝心なのは〝その後〟だ。

また活動を再開した直後にこそ、飛躍の時は訪れる。

完全に力が抜けて、自由に体が動くからだ。

この説明がすべて抽象論にしか聞こえないという人。それはあなたの行動が少なすぎることを意味する。

そういう人は頭で考える前に**本書を読んだら、とにかく行動をしてみよう。**行動をしてからこの項目を改めて読み返せば、さまざまなことが腑に落ちるはずだ。

部屋にこもってゴニョゴニョ考えても、何も変わらない。

あなたの心身をソフト、ハードともにリニューアルするための具体的行動——出会いの苦行ハイを実施してこそ光は見えてくるのだ。

出会いの修行で心を麻痺させよ

「死にもの狂い」になってみる

自信が持てない。

そう感じている人は、**「死にもの狂いの時間」が不足している。**

自信を持ちたければ、1日のなかで1時間でもいいので、死にもの狂いの時間を持つことをおすすめしたい。

死にもの狂い――それはつまり、一点集中するということである。

他のことなんかどうでもいい。そう思っている瞬間である。そこには「雑念」が1ミリも入り込めない。前にやっていたこともすっかり思い出せなくなる。

この後にやらなければいけないことも忘れる。さらには過去のいやなことも〝思い出せなく〟なる。**死にもの狂いのときは、前に進む力しか働かない。**

雑念がないということは、クヨクヨ思い悩むことがないということ。

したがってその時間は、他の何をしているときよりも物事が前進する。成果が出る。

それはすなわち成功体験や収入、地位の向上につながる。

死にもの狂いから、「自信」は醸し出される。このもの怖じしない心が、自信を支える。

もうひとつある。

死にもの狂いには「強いストレスや苦痛」も伴う。

しかし、人間の脳はストレスから解放された瞬間、快楽を感じるようにできている。

サウナを出た瞬間。マラソンを走り終わった瞬間などなど。

そのときに、脳内に快楽物質が分泌されることがわかっている。

死にもの狂いでやり遂げた後に、脳の視床下部からベータエンドルフィンやドーパミン、セロトニンと言われる「脳内麻薬」が分泌される。この脳内麻薬が分泌された状態が、「フェロモン漂う自信を身にまとう瞬間」ともいえる。

だから、バリバリに仕事をこなすビジネスマンや、プロスポーツ選手が「フェロモン漂う自信」を身にまとうのである。


その逆とは？　それはつまりウジウジ、クヨクヨ状態である。

これが続けば、もちろんあなたは底なしにモテなくなる。

フェロモンは消え、自信も消え失せる。つまり魅力的な女性はこぞってあなたを避けはじめる。

後先を考えない死にもの狂いタイムを、1日のなかに設けよう。

ジョギングなどは、とくにおすすめだ。走っている最中は走ることに集中せざるを得ない。

しかも苦しい最中は、死にもの狂いになる。

それを越えた後に快楽物質は分泌される。その直後の快活な表情、物腰、そして前向きな考え、そしてキビキビした動き——そこに女性を惹き付ける自信が宿る。

それを３６５日続ければ、あなたは自信の塊になれるのである。

「後先を考えず、狂ったように集中する時間」が〝オスフェロモン〟をつくる

女は縛らず、泳がせる

頼まれてもいないのに勝手に一途になる男――これがモテない男の典型である。**モテないどころか、嫌われる。**

もちろん、「もうそろそろ結婚しようかな」と引退するモテ美女が、「コントロールしやすい男」――つまり「言うことを聞く、草食エリート」をえらび妥協婚するケースは除く。

つまり、**「肩書学歴、見た目そこそこ、おもしろくはないが、便利な旦那になるかも枠」**というのが世の中には存在する。一軍バリバリの男に振り回され、胸が焼け焦げ疲弊した経験からこのような結婚を選ぶ「一軍美女」は多い。

私の知人だけでも、そんな女性が100人近くいる。

さて、これは例外として、実際に自由恋愛においては――**モテ美女は自分を縛りつけるような自信のない男性を警戒し、そして避ける傾向が強い。**

自由を阻まれ、ときには精神的ストレスを受け、罪悪感を感じなければいけないリスクを避けるためである。過去に「まじめそうだし……」と選んだ男にストーキングされ、自由を奪われた経験がさらにそれを後押しする。

自由恋愛主義のモテ美女は、つねに友情と恋愛の境目のライトな恋愛口説きビームを、ビタミンのように多くの人から摂取し続けることを好む。

このビタミン補給こそが、あの奔放で危険なフェロモンを生み出すのだ。

さて**このような女性たちにモテるには、あるいは生理的に避けられないようにするには、あなた自身が同じ「器」——いわゆる恋愛キャパにならなければダメだ。**

つまり「彼女はいい男の友人がいっぱいいるし、僕なんか……」と尻込みするようでは、話にならないということ。

「彼女は魅力的な異性の友人がいっぱいいる。僕もそれなりに魅力的な女友達がいっぱいいるし、毎月どんどん増える。だから互いにちょうどいいね。互いの人脈を組み合わせたらきっと楽しい輪ができそう」

それぐらいに思える、度量がほしい。

モテる女性は自分と同じくらい気まぐれで、視野が広くて、縛らなくて、アラカルトな男が好きなのだ。

そのためには、まずはあなたの生活環境を変える。さらには人脈環境を変える。魅力人の輪をつくる。異性とも同性とも、出会える仕組みをつくる。

そこからはじめるのが、「オスの自信」をつけるのに手っ取り早い。

ひとりぼっちで戦いを挑んでも、キャパ負けしてしまう。

被害妄想であなたの心は傷つき、下手すればあらぬストーキング行為を女性にしてしまいかねない。

それは迷惑な話であり、あなたがおこした事故遍歴は、不名誉極まりない噂となり、千里を駆け巡る。

まずは、プライベートの人脈の広がりに裏付けされた、「キャパ」を潤沢に育もう。

これは栽培に似ている。半年、一年かけてしっかり栽培したいものだ。

魅力人脈でキャパ負けしない

「売り込み臭」を漂わせるな

女が放っておかない男になる――この目標は、男が自信を身につけるうえで、とても重要なことである。

いくら出世しても、あるいは高い年収を得ても、女性から相手にされなければ本当の自信は身につかないのは、先にも書いた通り。

一定層の女性やまじめな男性からしたら、「何をバカなことを言って」や「薄っぺらい人生だ」と笑いたくなることかもしれない。

しかし、「女が放っておかない男」になれるかなれないかで、人生は確実に変わる。「コンプレックスを抱く男」になるか、それとも「遊び心と自信を抱く男」になるか。

その分かれ道である。

さてここで引く手あまたで、「競争率が高い女性」を「無理目の女」と呼ばせていただきたい。この「無理目の女」が放っておかない男、一緒にいたい、腕を絡ませたいと思う男とははたしてどんな男なのだろうか？

私が長年、調査した結果では、**「女性の移り気やそっけなさを受け流す〝冷めている男性〟」**である。**言い換えれば女性を追わない――決して前のめりにならず、そも**

そも〝女性に期待しない男〟のこと。

もちろん一見女好きであり、女性とは楽しく会話する。

しかし、どこか〝しらけた心〟を持っており、これをいい女は「男の自信」と錯覚するのだ。

いい女はたいてい忙しい。

そして、**ただでさえ忙しい彼女たちは、縛る男が基本的に大嫌い**であり、**いちいちしつこく追いかけてくる男が苦手**だ。

常に**自分の気分にあわせて、ベストな男と遊びたい**のである。

「昨日まで仲良しだったのに、気が変わり、レスもしない」――それでも、ひょうひょうとしている男が好きなのだ。

「それじゃただのいい人。その辺にゴロゴロいる、薄味の草食男と変わらないよ！」

と感じただろうか。

しかしそれは、違う。

〝冷めている男〟に女は弱い

酔って薄暗い場所で女性が腕を絡ませたら、そのときは淡々と当然のごとく女性をソフトに抱きしめるセンスがある男である。

女をその気にさせ、陥落させる戦闘能力を持つが、鼻息は実に穏やかで、売り込み臭が皆無。

しかも**「女なんて欲望の生き物、欲しいときは自分から獲りにくる」**と、腹の底で確信している。

あなたは、想像がつくだろうか？

初心者の方は、ぜひ覚えておいてもらいたい。

原理はわからなくとも、とにかくこのように、静観できる余裕があり、いざというときには「風のごとくモーション」をかけられる男を目指したい。

前のめりではなく「後ろのめり」

「微量の投げやり感を含む」恋愛モーション。

それが、あなたに課せられた次のミッションである。

具体的には盛り上がっているところで、

「別に、このキスを今やめてもいいいんだよ」

とサラリと言えるかどうか。

この**〝後ろのめり感〟が、持てるかどうか**である。

では、「女性を後ろのめりで静観できる余裕」をもつには、どうしたらいいのか。

答えはシンプル。

自分も、他の女性に目移りしまくればいいのである。そうすれば、一人の女性を失うことなんか怖くない。

おそらく、あなたは無駄に一途なのだ。キツイことを言うようだが、原始時代なら弱いオスの典型でしかない。

女が目移りしたら、自分も負けずに目移りする。

あるいは継続的に、気になる複数の女性を持つ。

そして、恋以外にも、もっともっと忙しくしたほうがいい。

仕事、男同士の友情タイム、体を鍛えるトレーニングタイム、服などのショッピング。さらに、毎週流れ込む新たな出会い——それらがてんこ盛りになれば、女性の静観など簡単なこと。

「きみにそっぽを向かれても、会う女もいれば、行く場所もあるし、やることもある。今は、お互いが一番じゃないということだから、お互いにどんどん別の場所に行こう！」

24時間心底、そういう気持ちになることができ、揺るぎない心、折れない自信、ぶれない平常心が手に入る。

その**「内面」を物腰だけで無言で示せる男——それこそが、無理目の女性が腕を絡ませ、抱かれたいと思う男なのである。**

さて、そのためには「失っても失っても、出会い続けられる漁場を持つ男」でなければならない。

そのためには、仕事ばかりしていたり、家のなかで読書ばかりしていても、ダメなのである。

頼まれてもいない「無駄な一途」はもうやめる

引き際こそ、鮮やかに

「オスは肉食であれ！」と言うと、女を追いかけ回せばいいと勘違いする人がいる。

いままでモテなかった男性が、モテ本を読んで女性にＬＩＮＥしまくり、不快感を与えてしまうという話などは、よくあることだ。

私の主催するパーティでも、そのようなクレームをまれに受ける。

自分の魅力が追いついてもいないのに、女性を追っかけ回している。

マニュアルどおりに動けばいいというものではない。それはときに、ただの迷惑行為となる。

かならず身なりを整え、遊びを知り、仕事以外の対人コミュニケーションに慣れ、挙動不審を治した状態で臨むべきだ。

そうしない限り、パーティ参加者や主催者に申し訳ない。

さて、そんな出会いの場所でのこと。

真の自信男になりたければ、「引き際」をきちんとすべきである。

逆に引き際をちゃんとするだけで、誰でも女性と良い関係を築き、ひいては多くの魅力的な女性の心をつかむことができる。もちろん恋人として――。

なぜ引き際をちゃんとするだけで、「モテる」のか？

どんなに魅力的な男性でも、アプローチした女性全員が１００％落ちるということはない。モテメンでも必ず振られるし、断られるのだ。

ましてや普通の男なら、断わられるということは避けては通れない。

さらには、断られるたびに傷つき、行動が止まってしまったら？　もうその人は未来永劫、モテるオスにはなりえない。

断られた瞬間にスイッチを切り替える。親友モードにコース変更し、即座に心の共感者を目指してみる。

そして、良好な関係を維持しながら、新しい出会いを引き出す。そういったスタンスが重要になる。

これにより、生産的な関係を維持できる。女性関係のリサイクル。再利用である。

この最大のメリットは、あらたな友人も引き出せるということ。そんなことを言うと、自分の利益しか考えていないように見えるが、そうではない。

相手にも、こちらからあなた以外の男性との出会いを、提供できるのである。

さらに、次の色恋におけるメリットも生じる。

振られても、気まずくならないのでどんどん告白できる。

しつこい――このレッテルは実に不名誉なものだ。

女性の間で広まるともう立つ瀬がない。噂が広がれば、そのグループ内での色恋は難しい。警戒情報は瞬時に広まる。

積極的、肉食、アグレッシブなどといった前向きな印象は皆無。

粘着質で不快、しまいには犯罪者呼ばわりされる。実際にストーキングなどすれば、犯罪者である。

同性としてそうはなってほしくない。くれぐれも引き際だけは上手にしたい。

「しつこい」と噂が広まったらジ・エンド

この〝サイン〟を見逃すな！

「今度、飲み会開いてもらえませんか？　最近仕事でいろいろあって……。ぱーっと騒ぎたいんですよ」

そんな言葉を女性からかけられたときはまさに、男の自信を身につける絶好のチャンスである。

実はこの飲み会を開きたがっている女性が、もっとも自己解放を求めている可能性が高く、**あなたとの〝何か〟を期待している可能性がある**のだ。

「いや、目的は俺じゃなく、俺の友人じゃないかな？」

謙虚なあなたのことだから、きっとそう思うに違いない。

しかし、おそらく6〜7割がたの女性が、あなたとの「冒険」を求めている。

あなたが大本命ではなくとも、**少なくとも「あなた〝でも〟いい」と、思っている可能性は高い。**

そんなことを言われたって、まだまだ信じられないあなた。

まずはだまされたと思って、行動してみよう。

この手の誘いを受けて、実は幹事本人が彼女のねらい目であったというケースは非常に多い。私の周囲だけではない。リサーチした結果、そういう筋書きを望んでいた女性はことのほか多いことがわかった。

つまり1対1では誘えない。だから「みんなで飲みましょうよ」と、あなたを誘っている。この可能性を見逃してはいけない。

単に、「利用された」と思わずに、自分自身の可能性も探ってみてはどうだろうか?

さて、催しを開催する前に、することがある。

ロケハン(下見)と称して、夜の街を二人で見て回るのである。

そして何事もなかったように、飲み会当日を迎え、さらには二人反省会を開き、次回の飲み会のための下見に二人で行く。

このとき女性の目的があなたであれば、なんらかのサインを出す。

やたら個室や暗がりを求めたり、さらには最終電車を逃す前提でいたり。

またはそういう提案に乗ってくる場合、その女性は解放を求めているサインだ。その相手はあなた〝でも〟よいのかもしれない。

そもそも、あなた目的ではないなら、はじめから二人で何度もロケハンはしないだろう。あなたはすんなりと断られる。とてもわかりやすい。

「気晴らし飲み会配達人」の異名を持つバツイチ広告マンは、こんなことを言っている。

「ロケハンの際に、バーでL字向きに座り、大分酔ってきたときに、足をふざけてコツコツする。次にテーブルの下で絡ませてみる。乗ってきたらあり。拒んだらなし(笑)」

断られたらそれ以上はしないようだ。この方法は意外に多くの人が活用している。

このバツイチ広告マンは、ロケハンと反省会の繰り返しで、今まで30人以上と色恋沙汰を楽しんだという。

男の自信はこんなところでも鍛えられる。

ロケハン2回はOKのサイン！

一人の女に執着しない

無理目の女たち――彼女たちは家庭を守る良妻賢母とは、別の生き物である。

彼女たちとは「不義理を水に流す男」でなければ、良好に関わることはできない。

嘘をつく。約束も平気で破る。急に音信不通になる。

付き合うと言ったのに、やっぱりやめたとなる。二股も余裕。浮気も常習。

そんな女性に振り回され、激怒するようではダメ。それは時間の無駄でしかない。

原因はあなたの魅力不足。魅力がないうえに怒ったら、ますます女性は離れてゆく。

悔しさをバネに変え、こういう**「女性を前のめりにさせる力」**を鍛えよう。

もしなんらかの不義理をされたら？　そのときはグッと我慢。そのまま他の女を口説いて気晴らしをする。まずはそこからだ。

いつまでも悶々と、一人の女性に執着してはいけない。不幸オーラが立ちのぼり、みじめな表情が顔に刻まれるだけ。ますますモテなくなる。

どうしても腹の虫がおさまらないときは、不義理をしてきた女性が最初からこの世に存在しなかった――と思い込めばいい。

もうこの世にはいない。「死んだ」と思うのもいいだろう。そして前を向く。

「少し放っておいたら、もう他の女性と出かけている」「どんどん新しい女性と出会い、友達を増やしている。私の存在なんかもう忘れてるのかな」――そう思わせるぐらいで丁度いい。それぐらいでやっと対等となり、彼女と同じステージに立てるのだ。

もちろんそんなこと、彼女に知らせる必要もない。

女の移り気にも驚かず、不義理されても水に流し、どんどん親友が増え、放っておいたら入り込む隙間がないような男を目指す。

女に執着しない、追わない、詫びさせたりしない――その「後ろのめり」のスタンスがあなたの魅力と自信につながる。

さて、男が後ろのめりになれば、女性が前のめりになるスペース＝空間ができる。そこで女を泳がせる。そのまま一生縁のない女もいれば、戻ってくる女もいる。この戻ってくる女を受け入れる。よっぽど許せない女、危険な女は排除する。

さて、ここで戻ってきた不義理女に、見せておきたい劇場がある。

女性をしびれさせる隠し玉。それが「友情を大切にする」ということ。

「何それ？」と思うなかれ。一見表層的な人間関係を好みそうな男だ、と彼女は思っている。しかし男女問わず〝選んだ相手〟には古風な情《なさけ》を抱く。

応援したり、祝福したり、助けたり、一肌脱いだり、**不義理な女にこの「義理人情」の生き方を見せつける。**

「義理堅く、それでいて寛大」そういう男の身のこなしは、この手の女性から見て〝心憎い〟のである。女はそこに、何が何でも割り込みたいと思うのだ。

色恋を越える、硬派な世界を持つ男の世界。

そこに漂流系の寂しい美女は、ヤラレてしまうのだ。根なし草のような放浪恋愛を繰り返す女たちが、堕ちてゆくのを何度も目撃してきた。今度はあなたの番だ。

不義理女は最初からこの世に存在しなかったと思うべし

自信のない奴こそ「もっと遊べ」！

毎日遊んでいて、昨夜の女性の残り香が消えないような男性に、女性は惹かれる。

ここで言っておくが、これはもちろん結婚相手としてのモテではない。

女性が本能的に骨抜きになる、「オスモテ」の部類である。

彼らの特徴——それはプライベートの時間において、３６５日自信満々であるということ。お金があろうとなかろうと、軽快で好意的な自信をみなぎらせている。

彼らはすでに生きる目的——人間の究極のミッションと向き合っている。

生きることを楽しみ、種の保存につながる活動と連日向き合っている。

もちろんそこらじゅうで、子供を生ますわけではない。

しかし、それにつながる能力を発揮し、成果を出していることは確かである。それが究極の平常心と自信をつくり出している。

「自信がないやつはもっと遊べ」

つまりは、そういうことである。

私の同世代の、40代の独身遊び人男性に、ある実験をしてもらったときのこと。

とにかく毎日別々の女性とデートあるいは寝泊まりした状態で、新しい女性をデートに誘い、そして口説いてみてもらった。

するといつものデートよりも、スムーズにベッドインまでコトを運ぶことができた。

女性の欲望にリーチするような会話もでき、まったく労力がかからなかったという。

理由を尋ねるとこんな回答が返って来た。

「〝今日失敗しても、もうお腹いっぱいだし別に困らない〟って思った」

この余裕が良い結果を生んだのである。

女性から見ると、**「女性の扱いに慣れているように見えた」**ということ。

「軽くて戸惑ったけれど、スイッチを入れられた」

「減るもんじゃないし、別人になれた。そういう自由な関係を楽しむ扉を開けられた」


それが女性の本心であった。

彼は毎日の色恋活動により、発情期のオスと化した。

そのオーラとフェロモンを女性が感じ取り、その周波数に同じように反応した。

言葉で口説かれても、倫理観が邪魔する。

しかし「フェロモン」や「オーラ」といった、非言語メッセージは勝手に視覚や嗅覚、触覚を通じて入ってくる。それを女性は拒むことはできない。**ついさっきまで他のメスに受け入れられていたオスを、メスは優秀な繁殖力の持ち主とみなす。**

日照りの男と、連日連夜色恋男の力の差。それが証明された事例ではないかと思う。

「今は完全にネタ切れ……女性の友人すらいない」

そんな人は連日風俗に行ってから、素人女性とデートをしてみてはどうか。

メスに受け入れられた残り香を身にまとう。その余裕が別のメスを魅了し、いつもと違った展開がなされる。

信じるか信じないかは、あなた次第である。

他のメスの残り香が次のメスを惹き付ける

メスは「他のメスを落とせた実績のある男」が好き

オスの自信を身につけたい――そう思うならば、遊ぶことが必要だ。

遊ぶとは？　それは魅力的な女性たちと会話をすることであり、一緒にスポーツすることであり、さらには一緒に歌い、踊り語らうことである。

ときにバカ話を楽しみ、人生相談に乗り、両者の同意、あるいは女性のリードによりボディタッチする。いちゃつく、お泊まりするということだ。

煩悩が多すぎたり、あるいは女性を利用してやろうとか、あるいはだまして傷つけることなどはあってはいけない。**倫理観とホスピタリティを持って遊ぶことが大切だ。**

女性は自由恋愛をするとき「モテる男性」を好む。

もっとモテたい。もしそう思うなら女性と会うときに、他の女性と遊んだ余韻を決して消さないほうがいい――他の女性と遊んだ気配、そして残り香、余韻があなたの自信フェロモンになるからだ。

このようなことを実際にやって、オスの自信をみなぎらせている人がいる。

自動車輸出業を営む会社の会社員40歳、和田さん。

和田さんは余韻を残して女性と会うときと、そうでないときの違いを、よくわかっている。

大切な女性と遊ぶときは、必ず別の女性の余韻を意識したまま会いに行く。

いかにして余韻を漂わせるのか？　もちろん「さっきまで女のとこ泊まってたよ〜」

などとは言わない。

記憶を再生しながら向かうという。

「ああ、楽しかったなあ〜」とニンマリしながら現場に行くだけ。

すると超絶美人の前でも余裕の態度でふるまえるという。

しかも、目の前の女性もさっきまで一緒にいた女性と同じように見えてくるようだ。

「セクシーな周波数で話せるんですよ」

ボディタッチをしたり、されたり、大胆な行動にリラックスしたまま出ることができるという。

たしかに彼を見ていると、かしこまった美女がどんどん彼の前で砕けていき、ラフな言葉を言って手を叩いて自分笑いする。

彼のふしだらでセクシーな余韻、周波数が彼女をそうさせているのだろう。

「女性に失礼だし、不謹慎だから、たとえ前に女性といちゃついていたとしても記憶も気配も消しますよ――」

実はこれはダメなパターン。**人としては律儀だが、オスの自信は得られない。**

そう、あなたの自信、そしてフェロモンはまだまだ青天井。伸びしろははかりしれない。

メスは他のメスを落とせた実績のある男が好き。優秀でフェロモンの強い男性に惹かれる。自由恋愛ともなれば、それはますます明白なのだ。

余韻は絶対、消してはいけない。

何回も記憶を再生し、浮かれた状態で行くがよしということである。

他の女性たちを思い出すとセクシーな周波数になる

コラム

本当にあった「めくるめく世界」①

これはある先輩の話である。この先輩を仮に古井さんとしよう。

現在バツイチ。二回目の結婚の予定はない。現在51歳。子供なし。投資の仕事をし、複数の女性と同時進行で、色恋関係を楽しんでいる。

もちろん、全員に遊びの関係であることを先に伝える。

しかし、女性たちは楽しいから古井さんに会いに来る。

複数の女性と同時並行で交際し、ベッドタイムだけを楽しむ。

原始のオスの感覚、自信あるオスが当然持っておくべき「味覚」を古井さんは大切にする。


古井さんのお相手は20代半ばから40代半ばの美女ばかり。

魅力的な女性は1年中、男性から口説かれるから、年中精神的に発情している。

そして年齢のわりには若く、表情もみずみずしい。

たとえ彼氏、夫とうまくいっていなかったとしても、お色気もムンムンである。

倦怠期であっても、不幸オーラは皆無である。

理由はあきらかだ。色気を保ってくれる相手が、いるからである。

彼女たちから見たら、古井さんもそういう存在の一人なのかもしれない。

まさに原始時代、旧石器時代の状態である。


古井さんは友情と色恋の両方を楽しんでいる。

しかし、最近、仕事で疲れたとしても元気いっぱいに楽しめる相手と、疲れていないのに楽しめない相手がいることに気づいた。

見た目は好みなのに、なぜか気分が比較的高揚しない女性もいるという。

そのような相手と会った直後には、高揚させてくれる女性のもとにいって活力をとりもどし、躍動感あふれる時間を過ごすことがよくある。

いわゆる〝お口なおし〟である。

古井さんは遺伝子レベル、ＤＮＡレベルで、本能的、無意識的に女性を選別している。

彼の場合は「ふくよか」「物腰がゆったり」「恋愛ごっこのような時間がある」「女性側があまりアグレッシブではない」などの女性のほうが躍動的になれるらしい。

古井さんだけでなく、自信男は皆「魅力感知センサー」を持っている。

——もう男女の関係になっていたとしても、より本能が反応する「女性」と、反応しない女性とに分かれる——この感覚がわかりはじめたら、あなたはもう自信男の仲間入りである。

2章

「まじめ」ばかりでは、つまらない

まずは「ソフレ」を目指してみる

最近「ソフレ」が話題になっている。

これは「添い寝する異性友達」ということ。

草食系男子時代にふさわしい、男女のコミュニケーションスタイルの一つである。

しかし、ソフレとしての関係を、成立させられるかどうか?

これは、男の本能的な「自信」が得られるかどうかの一つの指針となる。


30代のある独身肉食系男性(広告代理店勤務)は、この「ソフ活」をもう10年以上楽しんでいる。来年結婚を控えている彼女もおり、元々はかなりの肉食。

彼がターゲットにするのは、彼氏や夫がいる女性だ。あるいはパートナーはおらず、最近、やわらかな時間を過ごしていないと見受けられる女性。

自分には彼女がいることはしっかり明かしながら、このような言葉を女性にサラリと投げかける。

「俺と添い寝して語らうのたのしいよ?(笑)その先は絶対なしで……友情添い寝トーク(笑)」

もちろん、冗談の通じなさそうな女性には、絶対に言わない。彼はそれを立ちふるまいや、ファッションや、会話の内容からジャッジする。


女性の回答は2種類に分かれる。

一方は冗談に乗っかって、冗談ぽく返してくる女性。

他方は、うまく話を遮断して話題を変える女性。

後者の女性にはそれ以上話題を継続しない。

あくまで冗談で返せる女性のみ、会話を続行する。


「え〜！　無理！　そこから先、我慢できるわけないじゃん？」

「大丈夫、絶対俺は我慢できるから！　絶対に！（笑）」

なかには、こう食いついてくる女性もいる。

「え？　無理！　わたしは我慢できない！」

ここで女性は、本音を吐露してしまう。

女性は多くの場合、あなたと「そうなった場合」のことを想像している。

ここから彼はさらに核心に踏み込む。

「あ、◎◎さん（女性の名）はそうなんだ？　へえ〜」

「当たり前！　我慢できる人なんかいるの？」

「きみの暴走を俺が絶対に止めるから、一回試そうか？（笑）」

そう言いながら、彼女と一緒に席を立つ。

なかには、「うん、じゃ試してみようか？（笑）」と返す女性も少なくない。

バカな会話である。これが男の自信とどう関係あるのか？

「ありえないプレゼンに成功し、女性に色めいてもらうことができるから」——これが自信につながる。

生き残りに直結する、アクロバットな戦いを制したオス。

そうなれた瞬間と本能が自覚するからに、他ならない。

「じゃ、添い寝試す？（笑）」と女性から言わせる

女は「薄味で」誘う

「もし密室に連れ込んでも、添い寝して、じゃれ合いだけで、終わらせるべし」——
これはあるモテオヤジの座右の銘である。

美容室経営の40歳男性——。
彼の場合は、本当に添い寝のまま高尚な話題を展開する。
ビジネス、恋愛、人生、自己実現。内容はかなり濃いものだという。
そこには本当に、友情に似た感情が芽生えるという。
さらには、**「絶対それ以上はしない！」、その約束を守るのである。**
女性はこれでもう、病み付きになる。
こうして、添い寝する女性が年間に20人を越える。

バカバカしい！！！　そう思っただろうか？
まじめに生きる人から見たら、まさにバカバカしい戯れごとだろう。
これが、日本の未来に何のプラスになるというのか？　しかしこれがなるのだ！
体の底からわきあがる、男の自信、自己解放のステージとなる。これが子孫繁栄のための能力アップにつながり、さらには仕事へのモチベーション、〝稼ぐ理由〟にもなる。


男性から「添い寝だけ」を提案される。

「先はなしだよ！」と、禁止事項もセットで提案される。

女性はこの一連のシーンを想像しただけで、一瞬で「悪くないわね」となる。


「半径1メートル以内で、男性フェロモンを感じることは大切」

これはある30代後半の、外資系金融企業に勤める総合職の美女の格言である。

「添い寝して語らおうよ」

このセリフは鼻息が荒く、自分を売り込みすぎて、女性に嫌われる男性の方にこそ言っていただきたいセリフだ。

「本当に添い寝だけで終わらせるんだよ！」――そういう筋書きで女性に言い訳をつくってあげる。

「私は軽い女に成り下がるわけではない。ちょっと冒険をするだけ……」

そう思わせることで、女性は首を縦に振りやすくなる。

自信がある男だからこその、薄味の誘いである。

女性はあなたのその余裕と、〝しらけた内面〟に病み付きになる。

女性のほうは本気で言われているのか、冗談で言われているのかつかめない。

つかめないまま会話はすすむ。

次第に女性はそのシーンを想像し色めきのスイッチを入れてしまう。そして冗談のまま「イエス」と言ってしまう。このファンタジーマジックが、男に自信をもたらす。

バカバカしいだろうか？

しかし、これができることにより、男の奥行きと自信は確実に増強される。

キミは「軽い」わけではない「冒険するだけ」と思わせる

女性から「懇願」される男の秘密

女性に頼み込んで、セクシーな関係になろうとする男はどこにでもいる。

しかし**女性に、「あなたとちゃんと寝てみたい」と言わしめる――そんな男はそう多くはない。**

しかし、**実際にそんなことを言わしめる男がいる。しかも懇願に近い形で、複数の女性に言わせ続ける。**

どうしたら、そのような奇跡的状況を、つくり出すことができるのだろうか？

答えはシンプルである。**寸止めをずっと繰り返す――これに尽きる。**

そうするだけで、女性はあなたに「ちゃんと寝てみたい！」と懇願しはじめる。

これはいったいどういうことなのか？

まずは男性のほうから軽いアプローチ。

「今度いろいろ話を聞かせてよ」

「話って？」

「恋の悩みや人生の悩みだよ」

そういって悩みを聞き出す。さらにはこう言う。

「俺の悩みも聞いてほしいなあ」

さらに続いて場所の提案をするのである。

「俺のうち？　君のうち？　もしくはゆっくりできるところ、ホテルでも……（笑）」

「え？　なんで？」

「腕枕しながら、話したい」

そんなことをサラリと言ってのける。そして下心は絶対ないことを説明する。

そして**実際にそのような場所に行っても絶対に、下心を見せない**。ひたすら悩みを聞き、自分も話す。そうしているうちに、女性のほうがしびれをきらす。

「あなたとちゃんとしてみたくなった！」

それでも男は、首を縦に振らない。


さて、こんなことをして何の得があるのか？

大坪さん（39歳・IT会社勤務）に聞いてみた。

「何回か回を重ねるたびに、本当に癒される……。それに、肩こり解消マッサージをしあったり、足の裏を踏んでもらったり。風俗とは異なる、心通じ合う感覚が満足度が高い。それに意外と解決策が浮かんだりもする。究極の心療内科、マッサージサロンだよ……。実際に男女の関係になっていないから、空気もさわやか……なんだよね」

癒しの効果はきわめて高いという――。

「仕事が忙しいビジネスマンのなかには、こういう相手を3人も4人も持っている男もいるよ」

がっつかないことで、仕事の体力も温存できる。

さらには女性から懇願されることで、自分の「価値」を認識することもできる。

それがすなわち、自分のオスとしての市場価値を測るバロメーターとなる。

女性から懇願されて、自信をみなぎらせない男など、いないだろう。しかも複数の女性から――。

密室に誘い悩みを聞き、あえて何もしない。何度でも、何度でも。

「もどかしい」空気を楽しむ

二人きりで誘っておいて放置する――これがあなたにできるだろうか？

できればあなたは、自信男の仲間入りだ。

実はこれは、それほど難しくもない。仲良くなって盛り上がって、普通の友達になればいいだけのことである。

会ったときは、相手がいかに魅力的かをサラリと伝える。しかし深追いはしない。

そのあと、軽いメールを送りあう。しかも会話の比率が6対4になるように、自分はあまりLINEやメールをしない。

これで自然消滅しそうになったら、複数で集まる会に誘って関係をつなぎ、そしてまた二人でランチやお茶などに行き、90分前後語らう。

これを繰り返し、10人前後の女性と楽しむ。

とにかくだまされたと思って、やってみよう。

そのうちあなたは彼女にとってもっとも話しやすい、信頼できる男となる。

そして、もし彼女から突然の誘いがあったら、なるべく二人きりで密着できるような狭い空間に誘う。ドライブに誘うのもいい。静かなバーに行くのもいい。

そして自分だけが、勝手に恋愛気分に浸ればいい。

「自分だけ」、これがまずは大切だ。誰かを好きになるだけで、心は幸せ色にぬりかえる。ここであなたが恋に浸れば、声のトーンも、物腰も恋人そのものになる。

しかし、ここでも〝付き合おう〟とは言わない。

これが女性からすれば、とてつもなく気持ちがいいのである。

なぜ気持ちがいいか？　それは「もどかしい」からである。


飲食店を経営する清水さん（38歳）は、このようにして仲良くなった女性が5人いる。そして彼女たちを温泉の時間貸しの休息室につれてゆき、まったりする。

そして長年つれそった夫婦や、恋人同士のように語らう。ここでも何もしない。

とことん、このもどかしい空気を楽しもうとするのである。

肩や首のマッサージを、互いにしあう。あくまで親友の延長線上だ。

このときの決め台詞が「まあ、ゆっくり、リラックスしてよ」だ。

僕はこれでいいんだよ――それを意味する言葉だ。

さらにはそのまま放置する。これにより女性は何度も何度も一緒に出かけたくなり、女性のほうから彼とじゃれたがる。酔ったふりをしながら、マッサージするそぶりをして彼にしなだれかかり、あらゆる手段をつかって彼女はモーションをかけてくる。

「それでも放置ができるか？」がポイントだと清水さんは言う。

何人もの女性からの、求愛光線を受け続けることに意味がある。

そのためには何人、いや何十人とこのような関係を結べるかが、重要だ。

本当に抱いてしまえば、この関係は消えてなくなる。

何もしていないのに、たくさんの求愛が存在する。このアクロバティックな状態が、オスの繁殖力の証明書となり、自信のバロメーターになるのだ。

少々マニアックなプレイにも見えるだろうが、これが原始の我々がかつて求めた姿の一つなのである。

「抱かない」自制心が男の自信をつくる

#「ヨコシマな男」が求められるとき

パートナーがいる女性、既婚女性、婚活中の女性など一見遊びの恋をしなさそうな30代の女性に、交際相手以外との色恋はあるかどうか質問をしてみた。

その結果には、驚くべき真実が隠されていた。

たとえ彼氏やパートナーがいようとも、相手とのスキンシップがない場合においては、「第三者とのスキンシップはむしろ好ましい」のだそうだ。

つまり何もないよりは、遊びでもいいから「半径1メートル以内で男性フェロモンを感じたい」――その意見の多さに驚く。あなたが狙うべきゾーンは、ここにもある。ここを狙うことで、あなたは「本当のオスの自信」を、身につけることができる。

「弱みにつけこむのか？」

いや違う、これは奉仕、もっと言えば社会貢献でもある。

彼女たちにとって、これはまさに「トリートメント」そのもの。

傷んだ髪を補修するように、乾いた女心と体を潤す機会となる。女性たちから感謝されている男性は、数知れない。私の友人にも「トリートメントボーイ」いや「オヤジ」が何人かいる。

実は女性のほとんどは、今の恋人やパートナーとの関係を壊したくない。

だからこそ、「遊び」じゃないと、ダメなのである。

ヨコシマなオスにはニーズがある。

もっと自分の存在価値に、自信を持とうではないか。


婚活中の女性もまた似たような観念を持つ。彼女たちは結婚に向けて必死に動く。

しかし、婚活をしたからといって、すぐに相手が見つかるわけではない。

結婚相手を探すとなると恋人探しよりももっとシビアになる。それゆえに何か月、何年も男っ気がなくなることもある。この間、婚活女性は苦しむ。

女盛りのアラサー、アラフォーにおいて、日照りが続くからだ。

しかし**合理的な考えの持ち主は、しっかりと「遊びの恋」を摂取する。**自制心を持ちながら——本命ではないが、自分が女であることをリマインドしてくれる男。

心身をトリートメントしてくれる、都合のいい男性を〝自分ファーム〟にキープする。

彼らは、最初から「遊びの対象」でしかないが、女の潤いを取り戻すためのエステサロンでもある。

世の中の婚活サイトに登録する女性にも、この手の女性は多く存在する。

「そんなバカな！」

いいやこれは事実。まぎれもない真実なのである。

あなたも、あなたのその身を捧げ、感謝されながら、自信を育んでみてほしい。

具体的にどうするか？　それは相手の悩みを聞くところからはじまる。

「最近彼とはどう？」そこからまずはスタート。

孤独の片鱗、マンネリのかけらが見え隠れしたら、あなたの出番である。

「俺なら優しくしてあげられるよ。きみの都合がいいときにね」

そんな言葉から投げかけてみよう。

「都合のいい男性」になって社会貢献せよ

モテる男女の「息抜き」スタイル

世の中のモテ女とモテ男の恋愛生活は、いったいどうなっているのか？

「モテる」の定義をここで、しっかり定めないと話が噛み合わなくなるので、定めておきたい。**本書では、自由恋愛主義者のジャンルのなかで、異性からのニーズが高い人々に限定させていただきたい。**

つまり、誠実で絶対に浮気をしない、ナンパもしたことがない、けれど切れ目なく彼女がいる——そういう男性もモテの部類に入るのだろうが、それは本書では含めないことにする。毎週新しい恋が生まれ、それが成立してしまうような、ビジー状態の人を「モテる」と定義したい。

さらには女性も、ファッショナブルで、無理目の男たちからのアプローチ、口説きが毎週絶えない女性と定義したい。

ある外資系企業の総合職の女性（32歳）は、3年後くらいに今の彼氏と結婚しようと考えている。しかし、彼女は仕事のストレスを解消し、モチベーションを上げるための秘密のベッドフレンドを3人持っている。

彼との関係も、その秘密のベッドフレンドのおかげで、きわめて良好だという。喧嘩してもフレンドと癒しの時間を過ごすことで、すぐに水に流すことができるという。


さて、彼女の友人である広告代理店勤務の女性（33歳）は、彼氏なし。

しかし、常にデートをしたり、泊まり歩き、優しい時間を過ごす男性が4人いる。

ポイントは、絶対に自分の家に呼ばないことなのだそう。

もちろん、「あなたは彼氏よ」とは誰一人に対しても言っていないし、もしそう思われていてもトラブルがおきないように家に呼ばないという。


彼女たちはそれぞれ、秘密のベッドフレンドを持っている。

街で出会った相手や取引先、会社の部下や先輩の中から調達している。


さて、これが何を意味するのか？

それは彼女たちと関係を持つ男達が、彼女たちと同数存在するということだ。

この15年、このような関係の男性を持つという女性に、私は100人は遭遇した。

それだけこういう世界が一般的に成立しており、その世界はいつも動いていることを示す。3年続く関係もあれば3か月で終わる関係もあるという。

彼らに共通すること——それは男女とも自信に満ち溢れているという点だ。しかも互いを縛らないことを、マナーにしている。

しっかりと自分を持ち、毎日を楽しみ、社会生活でもしっかり責任をまっとうしている、しかも比較的高所得である。

これが、恋愛勝ち組男女の誰にも言えない、息抜き、ガス抜き、そしてトリートメントの真実である。

本命から得られない栄養は秘密のベッドフレンドからもらう

選ぶ女を間違えない

本書は、自信たっぷりな、セクシー系ダンディになるための本である。

しかし、本書を完全にインストールし、ライフスタイルごと変えてしまう前に、一つだけ知ってほしいことがある。

それはやり方を間違えると**「一人の女性とつくる家庭」が、危うくなる**ということ。**ある一定条件を満たした女性を結婚相手に選ばないと、夫婦互いの悲劇となる**ということだ。

どのような悲劇であるか？　まず「いつも他の女の影がちらつき、不安と嫉妬がおさまらない」のは、妻にとって悲劇である。

あなたが潔白であろうと、妻は「被害者意識」を抱く。

ひどい場合は精神不安定になり、心療内科のお世話になりかねない。そういう状況に追い込めば、妻本人だけでなく、妻の両親からも恨まれる。

離婚ともなれば、時間、お金、心身の疲労など、大きなマイナスを余儀なくされる。

こちらは自分のポリシーだとしても、妻からすればあなたは加害者になる。

さて、もうひとつ、あなたの損失について。

それは家庭が四六時中、ネガティブな空気になるという点だ。安らぎもなく、子育てなどできる環境でなくなる。いつも釈明し、ときに罵声を浴びせあい、近所からの通報があれば、児童相談所に子供が連れていかれる。ときに二人とも逮捕されることにもなりかねない。

さらにはいつも罪悪感を抱え、自由きままに毎日を生きることなど、到底できなくなってしまう。

では、どのような相手を妻に選べばいいのか？

あなたが選ぶべき女性は、あなたがモテることを誇りに思う女性だ。「いろいろな男性のなかでも、ひときわモテる男性と結婚したい！」そのように思っている女性がいる。そのような女性を、出会いがしらの世間話で見抜く。

さらには**社交的で人間が好きで、人脈が広い女性がおすすめ**なのは言うまでもない。そして**「自分の力で仕事を広げて行く、仕事に関して自立している女性」もおすすめだ。**いつも目的意識とモチベーションがはっきりしているので、余計な被害者意識を持つことが少ない。

妻となった女性は大切にすべきである。

尊敬し、一緒に人生を歩んでゆくパートナーとして頼りにすべきである。

そのうえで自信とセクシーさを身につけて、他の女性たちとも節度ある楽しい時間を過ごしたいものだ。

しかし、「ああ、俺は家族も妻もいらないね」という人は、何も気にせず活動していい。離婚歴があり、もうしばらくは結婚はしない――そんな男性も同様である。自由でバラエティに富んだ、恋愛生活を楽しむことで、永遠の若さが、あなたに宿るはずだ。

社交的で〝人脈が豊富な女性〟を妻にせよ

コラム

本当にあった「めくるめく世界」②

なんと、社内で10名のベッドフレンドを持つ男がいる。

荒井さん（34歳・広告制作会社勤務）。

彼はいかにして、社内で10名のベッドフレンドを持つにいたったのか？

まず彼のポリシーに触れてみよう。


彼は身元がしっかりしている女性としか、関係を持たない。

つまりどこの誰だかわからない相手は、絶対に避ける。どんなトラブル、あるいはトラブルメーカー的な人脈が、その後に潜んでいるかわからないからだ。

しかも、間違っても既婚者にはいかない。

なぜなら、もしLINEやメールが見つかったら大惨事だからだ。

自分まで訴訟の対象になってしまう。

その点、未婚の女性なら問題になりにくい。

しかも、「自由恋愛主義者であること」を入念に確かめる。互いの了承が得られた相手だけを対象にする。

同じく自由恋愛はしたいが、社内は危険であると窮屈感を感じている女性。

重い恋愛ではなく、彼氏以外との〝軽い色恋遊び〟を3か月に一回程度、あるいは喧嘩の後にしたい女性など。

まさに「レンタル彼氏」である。

彼が大切にしていることは次のとおり。

・やりとりはなるべく電話で
・メールの場合はビジネスライクな表現に
・自分からはしつこく口説かない
・自由恋愛主義者であることを伝える
・魅力を感じていることも伝える

・女性の悩みを聞く
・添い寝して語り合うだけの場合もある
・女性の「なすがまま」を尊重する

徹底して、「後ろのめり」なのである。

これは、〝営業しないマーケティング〟と似ている。

自分の商品価値とスペックとサービス内容だけ伝え、「あなたは選ばれしお客様」とだけ告げる。

つまり、「キミは魅力的だよ」と告げる。僕を二番目の彼氏にしたら——と。

あとは放置する。

終始このスタンスである。


その後、女性の方から「飲みに行こうよ」となり、悩みをとことん聞かされ、そのあとに色めく関係に発展してきたという。

このやり方はかなりリスキーだ。なぜなら、社内だからだ。

あまり、おすすめしたくはない。
ただこういう現実が存在していることだけを、あなたに伝えたい。
試すも試さないもあなた次第である。

3章

男は「場所」でつくられる！

得意なモテステージを見つける

人生を振り返り、過去にモテた場所を探してみる――それは自分の得意ワザに気づく大切なワークだ。

得意なモテステージを見つける。それだけであなたは繁殖力の強い、自信のあるオスになることができる。

仕事でも同じこと。成功者の多くは〝たった一つのこと〟で成功している。

恋愛も同じこと。異性から見て自分がもっとも輝くステージでモテればいい。

ワインバーでの飲み会が、一番打率がいい。

ビジネスで知り合った相手との相性が、一番いい。

路上で出会った相手に告白されることが多い。

カラオケに行ったグループ内で、恋愛が生まれがちだった。

学生時代の友人づての飲み会で、一番モテる。

ゴルフを通じての出会いが、一番効果的だった。

インターネット上での出会いが一番うまくいく。

――あなたのモテステージは、どこなのか？

告白された。遊びの色恋に発展した。あるいは本命の彼女になったなどなど。

それを紙に書きだし、そこでモテた理由を分析する。

女性の名前を書きだし、どんな遊びを通じて自分がモテたのかを研究してみる。すると自分の強みが見えてくる。

ふだんのルーティンのなかでは気づけなかった、「無意識下」のモテポイントに気づける。気づくことができたのであれば、そこを徹底的に伸ばせばいい。

選択と集中――そのレバレッジが有限の時間で最大の結果を招くことにつながる。


私の経験を一つお話したい。

私の場合、半分恐怖、半分希望を感じながら、好奇心いっぱいに新しい世界に飛び込み、いろいろなものを謙虚に取り入れようとしているときに、異性からの告白が集中していた。

好奇心に動かされているだけなのに、向こうから魅力的な異性が寄ってきたのだ。

その逆に、なぜか自信満々で環境に慣れ切った状態のときは、からっきしだった。

魅力的な同性とも、出会うことができなかった。

この法則にしたがうのであれば、今いる場所に安住するのではなく、さらに難しいことにチャレンジしてみるということである。

今の活動の規模を大きくしてみたり、メディアで取り上げられるような内容にしてみる。

強力なパートナーや、仲間を増やしてみてもいい。

目の前の世界をより大きくするために、あえて挑んでみたらどうか。

人生最大のモテ期がくるかもしれない。

「選択と集中」で、モテステージにレバレッジをかける

女性が「誘いやすい」「触れやすい」場所に身を置く

「あの人セクシーね」「色気があるわよね」そんな女性たちの言葉を、ときおり耳にする。

しかし、その声は男性本人たちには届かない。届かないということは色恋が生まれないことを意味する。

もっともっと努力をして、女性のほうから〝あなたセクシーね〟と直接言わずにはいられない男になろう。

そうなれば、**あなたはただ生活するだけで、生きるだけで、モテ続け、オスとしての本能的な自信を維持することができる。**

さて、では具体的にどうすれば、「女性から行動を起こさせる男」になれるのか。

女性があなたに本音を打ち明けやすい、触れやすい場所で出会えばいい。

そういう空間に女性を誘い出す。

静かなバーなどは、実はハードルが高い。

その前に雑然とした場所、つまりパーティやお祭り、あるいはクラブやカラオケ、さらにはおしゃれなスタンディングバーに誘い出す。ここなら、どさくさまぎれに触れ合いやすい。

こうした場所には酒と音楽という覚醒ツールもある。

あるいは、スポーツもおすすめだ。

スポーツをするときにも、触れ合う機会はいくらでもある。

つまり、そういう場所で出会うか、またはそういう場所に二回目以降誘い出すということだ。


都内の不動産会社に勤務する川崎さん（40歳）は、お目当ての女性を発見すると、必ず人が集まる雑然とした場所に誘う。人混みの喧騒と音楽とテンションを活用して、女性と密着し、お酒を飲みながらバカ話をして、そのままクラブに行く。

暗闇で一緒に踊り、笑顔のまま腰に手を回す。そのあとは女性が絡んでくるのを待つ。

ここからは女性におまかせする。女性が乗り気ならそのまま流れにまかせる。自分からはガツガツいかない。

これら一連の活動をさりげなく、力まずに遂行する。

雑然とした薄暗がり、あるいは薄暗いバーなどで女性に触れるということ――これがポイントとなる。

この方法で女性のほうから行動を起こさせる。ここで、女性が乗り気になった数だけ男の自信は蓄積されるのである。

二回目は雑然とした空間と音楽と酒

ゴージャスで薄暗い場所に女性を連れ出す

大人のモテる男たちが女性を誘い出す3大ポイント。それがホテル高層階のバー、ホテルのレストラン、薄暗い大人バーである。

この**3つの場所の共通点は、みな密談に適しているという点だ。**

さらに言えば、**二人だけの世界に入りやすいという点も共通している。**

二人だけのパーソナルスペースがしっかり確保され、ほかのお客の会話が聞こえにくく、自分たちの会話も周囲に聞こえにくい。

さらには空間設備が、ゴージャス感に包まれている。このゴージャス感が追い風となる。

これが、そのままあなたのイメージそのものとなる。

大人の男としての自信を高めるために、最適なブランディングである。

誘い出す場所次第で、あなたの印象はまるっきり変わる。あなたが思うより、女性はあなたのことを〝場所〟のイメージで認識する。

できればとにかく、薄暗い場所がいい。

ある心理学的実験によると、明るい部屋で語り合った場合、複数の男女が座る場所の間隔も広く、あたりさわりのない会話になったと言う。

しかし部屋を薄暗くすると、結果はまったく違った。

しばらくすると座る位置も近くなり、親密度の高い会話をし、なかにはスキンシップを開始した男女もいたという。

薄暗い場所では不安も消え、自信がみなぎる。

互いの姿が見えないことで、より大胆になることができるのだ。

これは女性も同じである。


女性が受け入れてくれればくれるほど、オスは自信を獲得する。

この暗闇の力を、活用しない手はない。

暗闇は、オスとメスにとって繁殖のチャンスである。

人間も動物。長い進化の過程で、DNAに刻まれた本能にあらがうことはできない。

つまり、本能的に安心できて薄暗い場所に、女性を連れ出す。

この絶対的有利なシチュエーションを、活用しない手はない。

重厚感のある暗闇で繁殖は繰り広げられる

フェロモンが出ない男は、〝オスではない〟

モテてモテて、毎日がパラダイス――。
抑制しないと、毎日が女性とのデートで埋め尽くされてしまう。

いつの世にも、そんな一握りの群れがオスたちの頂点に君臨し続ける。
仕事も上昇機運。収入も増えすべてが右肩上がり。
会話もライフスタイルも、自分らしいリズムを軽快に刻んでいる。
異性ファンもどんどん増え続け、同性からも尊敬される。
お金があるので、同時に複数の女性と別々にデートを重ねることもできる。
そのうえまた別の出会いも広げられる――。
そんな常勝&上昇気流に乗る、男たちの群れ。
その群れはたいてい3～30人、あるいは100人ほどのコミュニティを持つ。
一度この群れに入れれば、人生は面白いようにまわりはじめる。

「強いオスの群れに入りたい！」
それは、誰しもの夢だ。

しかし群れの仲間になるには、見た目、ファッション、物腰、遊びの知識、魅力的な女性の人脈、年収、誇りの持てる仕事、バカになれること、自制心、飲酒のマナー、女性とトラブルを起こさない品性など、全方位型に男を磨いていないと難しい。

つまり、仕事だけをして、金ばかりを貯めていても〝勝ち組のオスの群れ〟には入れないのである。

ちなみに、彼らはパーティなどで、自分たちと同じ「強いオス」と出会うと、すぐに連絡先を交換する。そして、ランチをするか、または少人数での飲み会を開く。相手の力量やマナーや酒癖、金払い、女性の扱いを確認。能力と協調性をチェックして、自分たちの群れに入れるかどうかを判断する。

ここで一つの大原則がある。

それは、**いくら年収が多くても、フェロモンが出ていない男を仲間には入れないということ。**

あるいは学歴や家柄がよくとも、一流会社に勤める男性であってもフェロモンが出ていない男は仲間に入れない。

自分たちが気持ちよく遊び、さらには互いに切磋琢磨できるような相手だけを、仲

間に入れるのだ。

アパレル会社経営の望月さん（36歳）は〝いい意味〟で公私混同のコミュニティを形成している。

女性のネタが豊富なのは、言うまでもない。

しかし、もっと注目すべきは、遊び仲間のなかで仕事も発生させているという点だ。彼らからすればこれも「効率化」である。有限な時間の有効活用だ。デキる男の効率的な時間の使い方と言えるだろう。

強いオスは仕事も色恋も同じ軍団の中で、効率よく回すのである。

仲間のその共通項こそが、〝オスフェロモン〟なのだ。

強いオスは強いオスの群れの中で仕事も女も自由に培養する

美女との会話に慣れろ！

世の中に貢献した男、世の中を変えた男たち——彼らの過去には必ず「仕事しかしていない時期」がある。

大きな仕事というものは、この「集中状態」なしには到底成し遂げられない。

大きな年収を稼ぎだす人や、会社の経営者も同様。燃え上がるような闘志を抱き、「継続的に仕事しかしていない生活」をする時期がある。

これは動物が、ずっとずっと狩りに出ている状態と同じこと。

人間のオスが働く動機はさまざま。

飢えをしのぐために働き続ける場合もあれば、より高い年収や功績、社会的貢献をまっとうするため、組織との約束責任を果たすために頑張るなどなど。

仕事〝しか〟していない状況——この状態が長らく続くことで、信用や未来を生きるためのキャッシュフロー、さらには信頼を得ることができる。

ある意味、強いオス、自信のあるオスに近づいてゆく。

しかし**ただ、これ〝だけ〟ではオスは勝ち組入りを逃してしまう。**

つまり、高学歴で高収入なのに、女性からモテないということになりかねない。

世の中には高収入なのに、女性の知り合いがいないという男性が、大勢存在している。

彼らは残念なことに、金を稼ぐ、あるいは世の中に貢献する孤独なマシンでしかない。

彼らがハンデを背負う第一の要因は、「コミュニケーション能力の欠如」である。

これが女性が多い職場や、創造的なコミュニケーションをする仕事などであれば、致命傷にはならない。

問題なのは男ばかりで、さらにはコミュニケーションをあまり必要としない職場だ。女性が少なく、女性の感性に寄り添うこともない職場。

そのような職場での生活は、オス力の低下を引き起こす。

繁殖力は低下し、〝恋愛廃人〟へと近づいてゆく。

心当たりがある人は、仕事から切り離し、今すぐ社外に第三の場所をつくろう。

パラレルワークを持つのもいい。これは、社外にもうひとつ仕事を持つという意味。

仕事だと思って取り組むことをつくるのだ。なぜ仕事か？　仕事だと思わない限りあなたはそれをサボるからだ。

会社外に女性と関わるパラレルワークを持て!

女性との接点が増える、パラレルワークを持とう。

まずは誰かが主催する、ワインの会などに参加することからはじめてもいい。多くの女性と出会うことができる。ワインを勉強し、輪に加わる。

さらには、会の運営をボランティアで買ってでる。

思い切り責任感が強いところを見せるといい。その物腰こそが女性の心をつかむ。

てきぱきと働きながら、女性の知り合いを増やす。

ここで、まずは会話に慣れること、美女に慣れることだ。その全力疾走を楽しもう。

その先に一世一代の繁殖期が、必ずやってくる。

「美女慣れした男」と「そうでない男」との格差

私の知り合いにある男性がいる。仮にM男としよう。

M男は決して引っ込み思案な男性ではなかったが、内装会社に勤務しており、いつも男ばかりの毎日を過ごしている。

最近離婚したこともあって、彼は心から出会いを欲していた。

好みの女性は、視覚的にも比較的レベルが高めで性格もよい女性。しかし、そういう女性と出会う場所もわからず、ツテもない状況。

そこで、私が仲間と開催している〝大人の海辺の社交場〟芝浦ハーバーラウンジというイベントに呼んでみた。

しかし、当然ながら、彼はなすすべがない。

美女を前にして挙動が不自然になり、緊張をごまかそうと飲んだ酒で、ろれつが回らなくなるという始末。

流ちょうに話せるのは、並みの女性を相手にしたときのみ。美人や魅力的な女性の前では、子犬のように緊張して固まってしまった。

こういう反応は、彼に限ったことではないと私は思う。

世の中の男性の7割が、こうではないかと私は感じる。

他の集まりでも、会話が不自然で顔はひきつり、話題もたどたどしく、手が小刻みに震えている男を時折目にする。

こんなにわかりやすく分かれるのかと思うくらい、世の中には「美女慣れした男」と「そうでない男」との格差が存在する。

一方、美女とラフに話し、美女からつっこみを受け、じゃれあい、その日に会った美女を膝に座らせるような連中がいる。

しかも彼らは、著名人や芸能人や大金持ちとは限らない。


それは言ってみれば「慣れ」でしかない。

M男は1年間、芝浦ハーバーラウンジに通い、美女に慣れるための修業をした。

もちろんダサい格好や、挙動不審な態度でイベントに来られると困るので、芝浦ハーバーのブランドに迷惑をかけないという約束で来てもらった。

彼は悪戦苦闘しながらも、ずいぶんと頑張った。

その1年後。

M男は美女のなかに、リラックスしてたたずんでいた。力みや不自然な構えがないので、美女のほうから自然に話しかけてくる。

M男自身も気分が高揚した状態で、楽しくふざけることができていた。女性からつっこませ、つっこみ、たのしく交流している。

自信のある男性、美女慣れしている男性のほうが美女から見ても心地がいい。

魅力的女性は構えられるのが、大嫌いなのである。

妄想の中での練習でなんとかなるほど、現実は甘くない。リアルの場で慣れるしかないのだ。

美女は構える男が大嫌い

たんたんと「美女友達」を増やす

どうすれば、美女が集まる場所に行けるようになるのか？

八方ふさがりの人は、まずは、街のクラブやスタンディングバーに行くといい。

そこで美女を生で見よう。**まずは、美女が実際にこの世に普通に生息していることを知る。そしてひたすらその空間に慣れることだ。**

おそらくナンパは無理だから、次に店員と話し、話してもらえた成功体験を噛みしめる。

ここまではキャバクラと変わらない。客なら誰だって話してもらえる。

しかし、あなたの、挙動不審ぶりはこれだけでも、おそらくだいぶおさまる。

次に美女と仕事でつながる方法はないか考えてみよう。仕事を一緒にやれないかどうか、職場や取引先を見回してみよう。

魅力的じゃない男でも仕事を外注すれば、さすがに相手をしてもらえる。

美女に少し慣れてきたら、今度はフェイスブックに知人がアップしているイベントや交流会に行けばいい。

美女と話す、フェイスブックでつながる。しかし、余計な口説きメールや、わざとらしい称賛メール、あるいは追っかけファンみたいな書き込みは絶対にしない。

下心を持たずに、たんたんと美女友達を増やす――これを一年継続するのだ。

するとだんだん美女に対して、ツラの皮が厚くなってくる。美女を特別扱いするようなうろたえた物腰ともお別れできるようになる。

もう一度言おう。これは慣れでしかない。

さっそく試してみてほしい。

では、田舎で人口も少なく、艶やかな場所がない場合はどうすればいいか。

答えはシンプル。人口の多い場所に行くしかない。人口の多い場所に行かなければ男は磨かれない。繁殖力も自信も身につかない。人に見られ、評価され、受け入れられ、あるいはときに緊張し、さらにはときめき、心からこの女性と手をつなぎたい――と心が動くことなしには、男の自信はつくられないのである。

もし独りぼっちで誰とも会わずに「妄想の自信」を抱いたとしても、それはうるわしき美女の前では、一瞬で崩れ去る。

「そうはいっても……」と思ったあなた、人口の多い場所に行くにはどうしたらいいか、この課題をとにかく考え続けよう。

大きな会社に転職する。大都市に引っ越す。人が集まる隣町の店の常連になる。

これらはあくまでヒントに過ぎない。とにかく自分で、死にもの狂いで考えてみよう。

人口の多いところに行く――そうすれば、あなたはどの人ともほぼ初対面となる。毎日成長する自分を、試すことができる。新しい仕事や趣味にも挑戦できる。過去の弱い自分と向き合い続ける義理もなくなる。

恥のかき捨ても自由だ。

さて、もう一度聞こう。人口の多いところに身を置くためにはどうすればいいか？

とにかく考え続け、なんとかその方法を見いだしてほしい。あなたの毎日を劇的に変えることになる大いなる決断である。

何かを失い、何かを手放さなければ、新しい生活サイクルは流れ込んではこない。

男は「人の多い場所」で磨かれる

とにかく「太陽の下」に行く

フェロモンを強化したい――そんなときは太陽に当たるといい。日焼けするだけで色が黒くなって健康的に見えたり、あるいはミステリアスに見える。視覚的要素を強化し、フェロモンを演出する方法だ。

しかし、これはファッション的要素ばかりではない。

実は医学的にも、**太陽光線が男の自信を強化する**ことがわかっている。つまり、**メスを惹き付ける力を、強化することがわかっているのだ。**

太陽光が目に入ることで、男性ホルモンであるテストステロンの分泌量が増える。テストステロンはヒゲや体毛の成長を促し、筋肉や骨格の形成に影響する物質として知られる。このテストステロン、もともとは動物が縄張りを主張する際に分泌されていたと言われているのだ。

そう聞いただけで、ますます強いオスのにおいがプンプンするではないか。このホルモンをなんとしても手に入れたい。

さらにはこんな説もある。

「テストステロンが強いほうが、お金をたくさん稼ぐ傾向がある」

女性が遺伝子を引き継ぎたいと本能的に感じる要素が満載だ。

そして、もし**太陽の下に行くなら、海をおすすめしたい。**

波音には、心を落ち着かせる効果があるとも言われている。快楽ホルモンと言われるエンドルフィンや、リラックスホルモンのセロトニンが分泌されやすくなる。ストレスや不安、コンプレックスが消えることで、気持ちのいい快男児になれる。女性からの反応が変わることは間違いなさそうだ。

また、水平線に沈む夕日を見て感動すれば、感性が開かれる。そしてリラックスする。

夕日鑑賞が、繁殖活動に好影響を及ぼす。

夕日には不思議な力がある。落日を経て闇が訪れ、危険が迫る。その記憶からだろうか？　心のさまざまな気づきを、繊細に拾い上げるためのスイッチが入る。ついでに伝達機能も研ぎ澄まされ、その繊細な心の動きを言葉に表現する機能が鋭くなる。

これが色恋に、めっぽう役立つ。正直な自分の心の状態や欲望を、美しい言葉で女性に伝えることができるようになる。

夕日が沈みゆく薄暗い環境は人の心を素直にさせる。これは薄暗いバーなどと同じ効果である。

さらにもうひとつ。

夕日は私たちに〝感動癖〟を与えてくれる。感動癖は魅力的な男になるために必要な要素である。感動は伝染する。

感動は人の心を自分に同調させ、一体化させる〝魔法の周波数発生器〟なのである。

やがて暗闇が支配する直前の本能的恐怖が、誰かと寄り添うことに気持ちを向かわせてくれる。

その本能が、異性との距離を縮める行動へとオスをいざなうのだ。

太陽は繁殖に欠かせない万能薬

こまめに旅をする

旅をする――それだけで日常はパラダイスになる。

いますぐ旅に出るだけで、あなたはたちまち機嫌よく過ごすことができてしまう。怒りやクヨクヨが治り、その効果が旅の後まで続くのである。

月に1回旅に出ることで、落ち込みにくい心身をつくることができる。出かける前においても気分が高揚し、ご機嫌な状態をつくることができる。

このご機嫌な状態こそ、メスがもっとも好む状態なのだ。ご機嫌状態は〝すべてがうまく回っている状態〟を意味する。

実際に仕事もはかどり、よりよい成果を得ることにもつながる。

癌細胞の増殖を抑える効果もあり、活性酸素を除去し、老化防止や血管を健康に保つことにも効果的である。

このように、いつもの見慣れた景色とは違う場所に身をおくことで、さまざまな刺激を感じ、心身を活性化する。心身を健康体に保つことができる。

これを**「転地効果」**という。

ある機関の調査によると、毎年旅行に行っていない男性は、死亡するリスクが20%増加し、心臓病による死亡率が30%増加するとも言われている。

ストレスを除去し、幸福に満ちたご機嫌状態をつくり出す――これにより異性からの反応が一変する。

さらには発想力が豊かになったり、俯瞰で物事を見ることで、大胆な効率化の案を思いついたりもする。

これがビジネスの飛躍につながる。

心身のコンディションを整えることこそ、繁殖力が強い自信のあるオスになる近道なのである。

仕事につかれきって、ボロボロのオーラを漂わせる男――彼らに惹かれる女性などいない。

求愛力も繁殖力もなく、ただ金を稼ぐためだけの機械。そんなオスにメスの心はつかめない。

いい男になりたければ、男の自信をつけたければ、とにかくこまめに旅をしよう。

旅がくれる〝ご機嫌状態〟が
オスの繁殖力を強化する

コラム

本当にあった「めくるめく世界」③

手を振り、微笑みかける——この習慣を普段の生活のなかに取り入れよう。

不動産業を営む伊藤さん（37歳）は、高級マンションが立ち並ぶ水辺の某隠れ家レストランの常連。よく深夜2時頃まで、ここで食事を楽しんでいる。

ある夜。伊藤さんはほろ酔いの女性を視界にとらえた。時計の針は深夜1時30分を指していた。

彼女はしきりに、誰かと電話で話している。

店には二人きり。伊藤さんはとっさに女性に手を振り、微笑みかけた。

女性は軽く会釈して視線をそらした。と、伊藤さんは店員に声をかける。

そしてテキーラを注文し、彼女のもとにもっていってもらうように指示した。

一つは、自分のほうに運んでもらった。

店員が「あちらのお客様からです」と、説明する。

伊藤さんは女性のほうを見て、乾杯のポーズをとる。

電話が終わった後。伊藤さんは彼女のほうを見て、もう一度乾杯のポーズをした。

彼女が微笑んだのを見て、「ここいいですか？ 20分だけ一緒に飲みましょう。20分だけ」と話しかけた。20分だけのつもりが、二人は大いに盛り上がった。

閉店後、腰に手を回しマンションの下までエスコート。最後にポップにハグをした。

そのとき酔った彼女は、フレンチキスを彼にプレゼント。


手を振ったり、微笑みかけたりして、人との接点をつくれるかどうか？

これは成熟した大人になれているかいないか、あるいは、国際的な人生の楽しみ方が、できるかどうかの基準ではないだろうか。

日本人は知らない人に、フレンドリーな視線を投げかけるのが苦手だ。

我々はシャイで、未成熟な民族なのである。

誰とでも、恋に堕ちればいいというわけではない。

魅力を感じた女性とだけ、距離を縮め、色恋すればいい。

いかにドラマティックに出会ったからといって、すべて恋にしなくてもいい。

恋になろうと、ならずとも笑顔で微笑みかけ、あるいは手を振り、そして友達になる。

まずはこれを一人でできるようになろう——それが自立、成熟した大人になるということなのだから。

4章

この「しぐさ」「身だしなみ」に〝グッ〟とくる

たかが布きれ、されど布きれ

男の自信強化に、即効性のある魔法がある。

私はこれを、**「魔法の布切れマジック」**と呼んでいる。

読んで字のごとく布切れが魔法を起こす。魔法使いはあなた。

布切れ数枚で、あなたも女性を骨抜きにすることができる。

ここで言う布切れとは服、ストール、帽子など、布でできた身につけるものすべてである。

これから、この布切れを使って、あなたにあるマジックを仕掛けていただく。

もちろん女性の心に向けて、である。


まずは、スーツスタイル。

ネクタイを取り外し、ワイシャツのボタンを1つ、ないし2つ開ける。できれば、ボタンダウンタイプが望ましい。

次に、シャツの襟を上に引っ張る。

そうすると襟が高くなり、開けたボタンの隙間から素肌が見える。

このフォルムになぜか色気を感じる女性は多いという。理由はわからない。

とにかく、この20年間に出会った女性たちが、みなこぞって称賛するのである。

そして、できれば日焼けをする。

その日焼けした肌の上に、真っ白な上質素材のシャツを羽織る。それは日焼けした肌と、白いワイシャツのコントラストに魅力を感じる女性が多いからである。

これなら酔っていてもできるはずだ。

さらにはおしゃれ腕まくり――袖を外側に1回だけ折る。さらにはシャツを肩の方に向かってひっぱりあげる。

これでワイルドで、アクティブなスタイルが完成する。

さらには、ストールを巻く。なるべく原色の目立つ色のストールを巻くといい。このストールがあなたの魅力を一気にアップしてくれる。

また、〝遊びジャケット〟やラインのキレイなパンツなども、女性たちから人気が高かったアイテムである。

「そんな小手先で女が骨抜きになるわけがない」

そう思っただろうか。

たしかにそうである。

この布切れたちはあなたが内面に自信を持ち、バランスのとれたコミュニケーション能力を持っていたとして、あと一息のときに助けになってくれるものにすぎない。

この布切れだけに頼り、ダメだったときに布切れのせいにするようでは、女性と友達になることすらできないだろう。

前向きな気持ちで、自己成長を生きがいに毎日を生きる——この姿勢なしでは、成しえない魔法なのである。

〝布切れ〟数枚で内面の魅力を認めてもらえる

痩せて飢えると
フェロモンが立ちのぼる

メシを抜く——それだけでオスフェロモンが強化される。

白飯を食べない。油ものをとらない。さらには甘いものを食べない。そのうえで夕方のメシの量を減らす。しかも18時前までに食事を終わらせる。豆腐と納豆と野菜と魚を少々。私もそういう生活をしたことがある。体重はみるみる減っていった。**体は軽くなり、気分まで軽くなった。**

気分が軽くなったのには、わけがあった。

血液がさらさらになったこと。

さらには胆のう、すい臓への負担が減った。高尿酸値症、中性脂肪過多、脂肪肝などを発症していたが、それも治り、気分も晴れやかになった。

少々うつっぽくなっていた心まで、治癒されたのである。

食べすぎないことが、いかに大切かを物語る私の体験だ。

その結果、オスとしての快活さと躍動感、そして自信が復活していった。

見た目も内面も、仕事のはかどりも見違えるように変化した。

ときおり講演のお仕事をすることがある。そのときにはステージに上がり、人に見られることになる。

タレントではないが、読者さんの手前、夢を壊してはいけない。

実際会ってみて「残念だな」と、思われることは避けないといけない。

この食を抜く、つまり食事制限をすることで、そのリスクを軽減できる。


「最近太ってきたな……」

そうおもったときは夕食を抜く。厳密には豆腐と野菜だけにする。

それだけで翌朝腹はへこんでいる。さらには早朝にすっきりと起きられる。

顔のむくみもとれ、すっきり顔で鏡と向き合うことができるのだ。

私の場合、これだけで仕事に大変なプラスになった。

良い発想は出るし、原稿もはかどる。

さらには打ち合わせでも、好印象を相手に与えることができた。

断食をすると、体のエネルギーを排泄だけに集中することができるという説が、専門家の間でささやかれている。

だから老廃物が急速に排出され、見た目もスッキリする。

これは美容にも、効果的であることは言うまでもない。

不要なカロリーを摂取しすぎて、かえって体を悪くしている状態から、脱出することができる。

現代ほど、食物の過剰摂取の時代はない。逆を言えば人類はずっと飢えてきた。

その飢えの中で、繁殖を続けてきた。小食は研ぎ澄まされた外見をつくり、若さを保つことにもつながる。

——痩せて飢えるだけで、研ぎ澄まされたフェロモンが立ちのぼるのだ。

ぜひ試してみてほしい。

「食べすぎ」が オスオーラを台無しにする

「だまされた」と思って体を鍛える

少年時代、多くの男性は部活に入り、スポーツに興じる。

なんだかよくわからないまま、スポーツマンになる。

しかし、高校を卒業するあたりから、多くの人がスポーツ離れをしはじめる。

成人に向けて憧れの基準、カッコイイの基準が変わりはじめ、「ジャンクがかっこいい」となってくる。酒、夜遊び、タバコ、オールナイト——ジャンクが大人への階段であり、セクシーな大人のたしなみとして受け止められる。

もちろん、全員がそうなるわけではないが、その傾向が強くなる。

その一方、スポーツの世界しか知らない人が、肩身が狭くなってゆくのもこの年代である。

大学生になると、朝から晩までスポーツばかりしている学生が、一軍の女性からはモテなくなりはじめる。プロを目指すわけではないスポーツ大好き青年が、恋愛においては二軍に落ちて行く。

スポーツは青臭い、汗臭い、子供の趣味へとカテゴライズされていく。

この傾向は20代になっても同じである。スポーツを否定しているのではない。スポーツをしているとモテないということでもない。

ただ、**スポーツしか知らない男性がモテなくなる**ということだ。

この時期は、いち早く大人の遊びを覚えた男が、大人の洗練された女性との恋に有利となる。物腰も大人びて、恋愛においても勝ち組の男となる。

しかし、35歳を越えると話は別だ。

スレンダーなマッチョ体型のスポーツフェロモンを身にまとった男が、大人のスポーツ愛好家として突然モテはじめる。この年代になると、スポーツは〝恋愛〟において勝ち組になるための「重要なファッション」となる。

40代になると、健康維持という意味合いも出てくる。年齢のわりにスポーティで、筋肉がついているほうがモテる。

仕事による社会経験の年輪が刻まれた表情、そのうえでのスポーツフレーバーが女性を魅了する。本気で仕事をこなし、成果をあげてきた大人であればあるほど、〝スポーツ〟がその人を引き立てる。

スポーツを通じて得た筋肉やスレンダーな体、艶のある肌、躍動感のある物腰を身につけたときに、それらが女性の心に刺さる。

大人の色恋を重ねた、人生の楽しみや遊びを経験した、そんな男性がスポーツオーラを身にまとえば、鬼に金棒である。

社会的経験と知識とオーラは、男を形成するソフトである。

鍛えられた肉体は、そのソフトを搭載するハードなのである。

だまされたと思って体を鍛えよう。好きなスポーツと出会うのが一番手っ取り早い。長続きするし、ストレス解消にもなる。それともうひとつ。24時間経営の、格安ジムに入っておく。そうすることにより、いつでもジムで体を動かせる。

隙間時間を活用して運動を少しずつ積み重ねることにより、成果は必ず出る。**運動は絶対にあなたを裏切らない。**

35歳以降の色気は〝スポーツ〟で育まれる

幅を利かせる「モテるデブ」

衝撃的な事実を、一つ言いたい。

それは**「女性はデブが嫌いとは限らない」**ということだ。

私の周囲だけでなく、世の中の至るところに**「モテるデブ」が幅を利かせている。**

色気のある肥満系のオス――女性が、腕を絡ませたくなるメタボメンズ。

もちろんただの肥満体ではない。笑いのセンスに長けたおしゃれデブ。

彼らを観察してみるとあることに気づく。

「バカになれる男の魅力」を持っているという点だ。

まずもって、自分の体形を有効活用した自虐トークが、めっぽうおもしろい。

気取ってばかりの男性よりもとっつきやすいらしく、女性の食いつきが尋常ではない。不得意な人にとっては脂汗ものである「笑い」。この笑いを、ただそこにたたずむだけで提供できる。

このアドバンテージは、はかりしれない。

私の友人の松井君（34歳・広告代理店勤務）。

彼はいつも夜遊びのたびに、美女を膝に座らせる。

もちろん真っ先にというわけではないが、ほかのモテメンたちがそうなると、どさくさに紛れて自分も便乗する。

普通に考えたら、ありえない光景。

仲間の力も大きいが、それは彼が〝デブかっこいい男〟だからだ。

女性に意見をきいてみた。

「デブなのに、デブを気にしない、豪快でオープンで屈託がない性格がいい。(26歳・アパレル勤務)」

デブさ加減を男の貫禄として自覚し、それをふまえたファッションを楽しむ。

彼は完全に勝ち組。デブの星——いや、オスの星である。

魅力的な女子からの好意を、完全に勝ち取っている。

彼の体形は豊かさの象徴でもある。また父性を感じさせるシルエットが、輪をかけて女性を安心させる。


世の中には「モテデブ」というジャンルが存在する。

肥満に悩んでいるあなた。今日からほんの少しおしゃれになってみよう。

服をバシッと決めて髪型もイマどきにアレンジして、堂々とした物腰に変える。ポップな自虐ギャグも心がける。

それだけで、ただの肥満ライフが〝モテデブライフ〟に変わる。

ただやはり、太り〝すぎ〟は致命的である。太ったプロレスラーのような、小太りの体形まではもっていこう。

デブかっこいいファッションで、自分をいじれ!

少しみじめで愛らしい「自虐テク」を身につける

本書においておすすめするジャンルの女性――それは愉快で妖艶で華《はな》とユーモアのある女性群である。

彼女たちを抱腹絶倒させ、腕を絡ませたい気分にさせるには、どうしたらいいか？

そのためには、自虐テクニックの習得が必要だ。

まずは**女性にいじらせるネタを提供せよ。これがなければ、はじまらない。**

少しみじめで情けないネタがいい。

「イケメンなのに滑舌が悪い」「普通にしていても顔がイヤらしい」「腹が臨月の妊婦のよう」「話し方に知性がない」など。

たとえば、そんな欠点があったほうが、女性はいじりやすい。

その情けないネタを拾って貰えるように、いつも意識してみよう。ときには、自分からそのネタを差し出す。

女性がそれに反応し、ありがたくも拾い上げ、いじってくれたらまずは感謝。そこから先は恩返しの気持ちを込めて、自分も悪ノリをして、さらに自虐するのが礼儀だ。

上質な自虐は、人を一瞬で幸せにする芸術だ。

自分を自分で笑い飛ばせる思考回路、言語パターンを脳の神経にしっかり刻み込み、周囲を快楽で包み込もうではないか。

それが、自由恋愛派で遊び上手で外見的洗練度を持つ女性を、腹の底から笑わせて、そして気持ちをつかみ、男の自信を得る近道だ。

遊び上手な美女を抱腹絶倒させたときの、男の自信の成長度ははかりしれない。


何からはじめるか？——遊び慣れていない人は、いじられて脂汗をかいたり、返答に困ったりしながら、その状況が楽しめるまで、苦悶しながら自虐テクニックを身につけるしかない。

まずはいじりに怒らない、傷つかない決心が必要だ。自己成長だと思って、自虐リアクション術を磨くしかない。

育った環境、親の性格、職場環境などさまざまな理由により、自虐の一つもできない、小さく凝り固まった性格になってしまうことがある。

気の毒だが、それは誰にも救えない。自ら性格改善、人格改善をするしかないのだ。

いじられ名人、自虐の達人になれるまであきらめずに、周囲にしっかりいじらせよう。

ちなみに私のいじらせネタは「あわよくばオヤジ」である。

「(女性を)あわよくば」などとはまったく思ってはいないが、ある女性が、「あわよくばオヤジ」とつけた。

いじられている最中、私は完全に身を委ね、さらなるネタを提供する。

「いつも空回っていて、おこぼれすらもらえません」

この瞬間はたとえようもなく楽しい。

周囲の女性もまた楽しそうである。

自虐力が自信を磨く

エロ話は、男だけのものではない

女性たちは、男たちのそれに勝るとも劣らないエロ話を、男よりも官能的に、そして芸術的に語り合う。

私たちが思うよりも赤裸々に、女性たちはその論を交わしあっているのだ。

もしかしたら、今宵どこかで〝あなた〟が話題に上がっているかもしれない。


さて、結論から言おう。

女性の秘密のエロ話を聞きだすだけで、あなたは女性から完全な信頼を勝ち取れる。

女性は自分のセクシー体験を、静かに聞いてくれる男性が好きだ。

それだけで、あなたは「話せる男」としての立ち位置を確保できる。

この際に絶対やってはいけないこと、それは女性のセクシーな発言に動揺したり、喜びすぎるというリアクション。

気持ちの悪い、スケベおやじになってはいけない。

あるいは自分のキャパ越えをしたことに敗北感を抱き、本気で「まじめ説教」してしまうのも痛い。

くそまじめで人生経験が乏しい人が、知ったかぶりで説教すると、相手は底なしの不快感を感じる。

平常心のまま「ほお〜そうなんだ。そして？」と、常軌を逸したエロ話も受け流す——これにつきる。


ただそうやって、女性のエロ話に関心を示し続ければいい。

それだけで女性は勝手に、骨抜きになる。そう、彼女の体に一回も触れずに、骨抜きにすることができるのだ。

彼女は次第に、あなたを求めはじめるだろう。


女性から赤裸々に、セクシー体験を話してもらえる。これは男冥利につきる。

あなたを成熟した、経験豊富な大人のオスであることを、女性が認めているからこそである。

これが男の自信につながることは、言うまでもない。

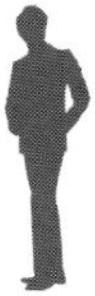

女性のセクシー体験を淡々と聞き流す

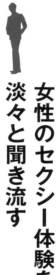

〝声の抑揚〟が〝強いオス〟をつくる

――いつでもどこでも大声で話す男は、勝ち組のオスになれない。

仕事にも、求愛活動や繁殖活動にも支障をきたす。

いつでも声が大きすぎるのは、周囲にとって耳障りである。

もちろん大きな声が出ない男は、頼りない。

しかし**狭い場所や、静かなバーでも大きな声を張り上げる男はセンスがない。**

求愛トークの際、耳元で大きな声、あるいは落ち着かない声を張り上げられては、女性はたまったものではない。恋に落ちることもないし、発情もしない。

その男から1秒でも早く、離れる方法しか考えない。

女性はこのとき、そのオスの内面のバランスの悪さや、精神的な不安定さまで疑う。

TPOに合わせて、声のトーンに抑揚をつけ、空気を読む力を見せることはとても大切なことだ。

いつも大声の男は、洗練された大人の男とは判断されない。

動物にたとえれば敵にみつかりやすい、敵を刺激しやすいということ。

トラブルや命の危険にさらされることが、多いことを意味する。

あるいは声に気づいた獲物に、逃げられる。

人間の生活においても同じこと。人を不快にして、遠ざける。

そんなオスは、生き残れない。


声についてはTPOに合わせて強弱、抑揚を必ずつけたい。

上質な女性のハートをつかみたいなら、なおさらである。

大人の魅力的な女性は、「声が小さすぎる男」も、「声が不必要に大きな男性」も嫌いなのだ。

声はTPOに合わせて強弱、抑揚をつける。

安くていいので、ボトルを入れる

ボトルを入れるということ――それは**男女の宴において、勝利をおさめるための重要なパフォーマンス**である。

「パーティ、出会いの場所などの繁殖場では、安くてもいいのでボトルを入れる」

そのアクションが、あなたの繁殖力と自信のアピールとなる。

潤沢な酒をたたえたボトルを横目に、展開される楽しい宴。

そのシナリオの仕掛け人となる。

一杯一杯ドリンクを頼むと、何度も楽しい空気が分断される。

さらに言えば、ドリンクを頼むたびに、会話や一体感が途切れてしまう。

ボトルは、女性をその場に居着かせるための集魚灯の役目を果たす。

女性には、自由に男を求めて回遊する権利がある。

そんな女性たちを〝自分たちのもとに居つかせる効果〟があるのだ。

女性が他のテーブルに行ってしまったとしても、ボトルさえあればまた誰かに、「飲みましょうよ」と声をかけることができる。

ワインやスパークリングワインなどは、1本4000〜9800円だ。男性3人で割れば、負担額はたかがしれている。

女性に興味を持ってもらえた、あるいは近くに座らせることができた成功体験を味わうためのカジュアルな投資である。

小さな成功体験を積み重ねるためにもってこいの、自己投資とも言える。

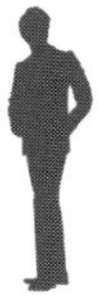

ボトルに女性は集まる

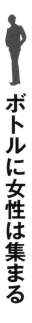

コラム

本当にあった「めくるめく世界」④

本書は、美しい女性が男にしなだれかかり、酔いしれ、ハメをはずし、やんちゃな夜遊びモード、ロックなモードになっているシーンを実際に見て、まとめた本である。しかしこれは、毎週末何十年も街のどこかでくりひろげられている、当たり前のシーンでもある。

慣れていない男に限って、女性に声をかけるときに意気込み、肩に力が入ってしまうものだ。

残念ながら、これは力強さや自信としては受け取られない。「自信がない」と女性に判断されるのである。

意気込みは焦り、自信のなさとして映る。

その点、達人はさりげない。

まるで自宅のお茶の間で子猫を愛でる面持ちである。言葉も仕草もフェザータッチ。羽毛のように、空気と一体化しながら、それでいて敬語をつかって紳士的に話しかける。

これは六本木ヒルズでの出来事――。

垣本氏（48歳・デザイン会社勤務）は、いつもその日に会った女性と混雑したスタンディングバーRで、フレンチキス以上の関係になる。

その対象は、20歳から30代後半までと幅広い。

嘘のような本当の世界を、私は何度も見せつけられた。

気がつくと女性と脚を絡め、チェアで飲んでいる。あるいは、膝に座らせている。

そのまま、外に連れ出してしまったこともある。

あるときはフィンランドの美女が、「垣本氏を返したくない」と、腕を絡ませていた。

先日、そのスタンディングバーRにて、目の前の男二人が、声をかけた女性にいきなり年収をアピールしはじめた。

もちろん女性は後ずさりをする。

それを見ていた垣本氏はほどなくして、

「二人の分のシャンパン用意してあるから……」

と、その女性に声をかけた。

そしてあえて、３秒間空白をつくった。

警戒する女性にシャンパンを渡し、そのまま再び、３秒沈黙した。

「僕と話しても、話さなくてもどっちでもいいよ」——まるでそんな物腰だった。

この店は混みすぎて、なかなかドリンクをオーダーできないことで有名である。

そこで先にボトルを入れておき、キンキンに冷えたシャンパンを、さっとさしだす。

それがいつもの垣本氏のやり方。

女性は帰国子女で、英語が流ちょう。それに対し、垣本氏はたどたどしい英語ながら堂々と口にした。

女性はみるみる、食いつく。

自慢話や自己紹介などはいっさいなし。かっこつけずにゆったり話すだけ。

英語が不得意な自分を自虐しながら、答えやすい会話だけを投げる。

わざと間をあける。

女性が自分から話さなければ、少しだけ気まずくなるような間。

女性から見れば、それは落ち着いた大人の男性の余裕と、自信に見えなくもない。

女性はその間を埋めようと、一生懸命話そうとする。

さらには、

「いや〜こんな高いシャンパン入れたから、裏山を売らないといけないよ〜」

と貧乏自虐トーク。自分を落とし、女性を安心させる。

垣本氏もかなりの年収はあるが、そんな自慢はいっさいない。

女性は次第に酔いはじめる。さらには楽しくなってきて、悪ノリをはじめる。

シャンパンが3杯、4杯。もう完全に酔って片足体重。炭に火がついた状態のようで、もうちょっとやそっとじゃ消えない。

このあと垣本氏は柱の陰の暗闇で、大人キスをしていた。

その週末、彼女たちを、三浦のヨットハーバーのクルーザーにつれていったと聞く。こんなことが、毎週続く。

垣本氏のLINEには、「遊んでほしい」とせがんでくる女性が、ざっと40人は顔を並べる。入れ替わり立ち代わりだが、こんな状態をかれこれ7年間、維持している。48歳、アラフィフの真実である。

フェザータッチのエアリートーカー。それでいて男らしく、屈託なく。かっこもつけない。

こんなアラフィフになってみたいと思わないか?
垣本氏は今宵もまた六本木の街で、フェロモンを大放出し、そこにすがる女性たちを、フェザータッチで採集している。

5章

「仕事」をどうとらえるか

早朝に起きて仕事せよ

男フェロモンを強くしたい――そう思うなら、朝早起きして仕事を前倒しでおこなうことだ。これだけであなたのフェロモンは強くなる。なぜ早起きがフェロモン強化につながるのか？

これにはきちんとした理由がある。

まずは、**朝早起きして前倒しで仕事をすることで、心に余裕が生まれる。**

いつも時間に追われて、せかせかしているとフェロモンは薄くなっていく。躍動的、行動的なのはよいことだが、心ここにあらずだったり、あるいは、いつもキリキリ、イライラしているようではフェロモンを立ちのぼらせるのは難しい。不安と焦りが心に充満し、物事を深慮することすらできない。あるいはユーモアあふれるひらめきを得ることも難しくなる。

ところが朝5時起きで前倒しで2時間仕事をしたり、計画を立てるだけで男のオーラは変わる。焦りや不安と無縁になるからだ。

さらには、**仕事を段取りよく、用意周到に進めることで、自信を得ることができる。**

「仕事に追われている状態」と「仕事を追いかけている状態」とでは男のオーラは格

段に異なる。

物腰、声、表情、ひらめき、行動パターン、立ちのぼるオーラ、話題、会話の内容、収入までまったく異なるものとなる。

海外のエグゼクティブの多くは、ことごとく早起きである。

朝6時にジムに行くと、もう多くのビジネスマンでごった返している。

それは彼らが「早起きによる活動開始」が、いかに効果的であるかを知っているからに他ならない。

原始時代に置き換えてもわかりやすい。

獲物をまだ獲っていない状態、あるいは逃げられそうな状態、あるいは作物を育てるための水を運びきっていない——そんな状態でメスに求愛するときと、前倒しですべて完了している状態では物腰に大きな差異があらわれる。


女性だけではない。

同じ男性同士でも、信頼され、一目置かれる男になるか？　それともナメられて、信用されないか？　が決定づけられる。

それだけ、早起きをして前倒しで仕事をするのは、大切なことなのである。

仕事は追われるものではなく、早起きして追いかけるもの

自ら「仕切り役」を買って出る

仕事中や社外のイベントなどで男の自信をアピールし、フェロモンを放出する方法がある。

それはズバリ、**仕切りを預かる**ということ。

だからといって他人を押しのけて自分からしゃしゃり出て、仕切り争いをすると痛々しい。**誰か幹事役や仕切り役を買って出てくれないかな——そんな雰囲気のときに、自ら「仕切り役」を買って出るのが望ましい。**

少々面倒で、勇気のいる役を買って出たその瞬間に、「自信に満ちたフェロモン」がテーブルを支配する。

あなたも、このような瞬間を何度か見て「ああ、かっこいいなあ」と、感じたことがあるはずだ。今度はあなたがその人になる番である。

ここで大切なことを一つ。

仕切るといっても、威張って人に命令をしまくるというスタンスでは、いけないということ。

人の気持ちがわからない、さらには対人距離感がつかめない〝仕切りたがり〟では、ただの痛い人になってしまう。

こうなってはいけない。

議長として役割を整理整頓、メンバーの得意分野、専門分野ごとに割り振り〝お願いする〟。そんな心のスタンスが、大切である。

やる気が出るように各人の「長所」を立て、そこにスポットライトを当てながら教えを乞う。教えてもらいながら作業を依頼する。

さらには相手のメリットも、明確に提示する。


ふだん自信のない人が、とっさに「仕切り役」は難しい。

突然では焦ったり、緊張したりで頭も回らない。

だから、「今日は何かのプロジェクトが動きそうだ」という日、あるいは何か新しい会合に出席する際に、あらかじめ、自分のなかで勝手に「人員配置」をシミュレーションし、紙に書いてみるのがいい。

バーチャルで、勝手にチームを仕切ってみる。実際にそのシミュレーションを使わなかったとしても、とても良い訓練になる。

何回かに1回は実際に〝それを使う瞬間〟にも、出くわすはずだ。

そのときあなたは、最善の采配の担い手になれる。

あなたが手をあげ、その場にいるさまざまな人に提案をするとき、あなたの周囲には自信みなぎるオーラ、そしてフェロモンが立ちのぼるはずだ。

議長になり適材適所を提案するだけでフェロモンが立ちのぼる

「好きなことを仕事にする」というフェロモン増強剤

どうしたら、女性に好まれるフェロモンが出るのか？

その答えの一つに、**「好きなことを仕事にする」**というものがある。

あなたの周囲でも、おそらく心当たりがあるはずだ。

数年前まで会社員だった人が、自営業になって軌道に乗り始めた、あるいは転職して好きな仕事についたとたんに、モテはじめたりする。


好きな仕事をすると、なぜフェロモンがあふれ出てモテるのか？

さまざまな要因があると、推測できる。

まずは、それまで背負っていた不毛なストレスや無駄な苦痛が消え去り、心が晴れ渡り、快楽を感じている時間が増える。

こうなれば当然、喜びに満ちた〝いい顔〟になる。

さらには、仕事への集中力が高まるし、長時間向き合っていても飽きない。

そのため、仕事の成果が出やすくなる。

自信がつき、物腰も堂々とする。さらには身のこなしや会話に関して、自分のリズムが生まれる。

好きな仕事をして、自分で決定権を持ち、没頭する。こうして成果を出す人は、男からも女からもモテる。

ストレスまみれで、ネガティブな感情に支配され、愚痴ばかりこぼしている男性の何倍もモテるのは、当然のことである。

「いやなことばかり」でため息をつき、何も創造しない、挑戦しない、戦おうとしない。心に不安と、ためらいと自己嫌悪、あるいは誰かへの怒りを抱えている状態。

これは、「負け組」のオスということになる。

現状をよい方向に動かすことができない。

負け組のオスのオーラが立ちのぼる。

「仕事が好き」という、「快楽状態」にできるだけ近づこう。

オスフェロモンは、嫌いな仕事からくるストレスで、簡単に消えてなくなってしまう。

たとえ年収が３０００万円あっても、嫌いな仕事やストレスに満ちた状態ならば、モテフェロモンは生まれない。

もし自信をつけたければ、今会社で向き合っている仕事について、とらえ方を考えてみる。

会社の仕事で快楽を得ることが難しければ、業務委託契約に切り替え、会社外で好きなセカンドワークを見つけるという、選択肢もある。

あるいは転職する。独立する。

自分の魂が揺さぶられる仕事とは、どんな仕事なのか？

それを探す旅こそが、自信男になるための最初の一歩となる。

「いやな仕事」が、フェロモンを殺してしまう

節度ある暴走を楽しもう

「仕事を頑張ることで、男の自信を身につけたい！」

あなたも一度は、そう思ったことがあるはずだ。

しかし、しつこいようだがもう一度断っておく。本当の自信は、仕事をするだけでは身につかない。

メスを惹き付けられるか？　腰砕けにさせられるか？

ここがポイントとなる。結婚していようと独身であろうと、この惹き付けるパワーはオスとして一生なくしてはいけない。

自信を抱きながら生きる――そうしたいならば、絶対になくしてはいけないパワーなのである。

見方によれば、これは「煩悩」極まりない生活への誘いそのものだ。ただ、人間には本能がある。

その本能と欲望を、人生を充実させるための妙薬として活用したい。

まじめで保守的な方々から、「何を言っているのか？」「けしからん」「色恋にうつつを抜かし、遊んでばかりのやつが、いつまで食えるのか？」と、お叱りを受けるかもしれない。

しかし、まじめな方や保守的な方々も川を越えて、自身が長年抱えていた「本当のコンプレックス」と、向き合ってみてはどうだろうか？

失った青春は、今からでも取り戻せる。向こう岸でめくるめく展開されている世界が、どんなに楽しい世界であるかをぜひ垣間見てほしい。


異性からモテれば、文句なしに幸せな気持ちになる。


心に躍動感が生まれる。ストレスは吹き飛び、仕事を頑張るモチベーションも湧き上がる。

シングルの人にとっては伴侶を見つける糸口にもなり、家庭を持つ男性でも、冷め切った家庭、あるいは夫婦喧嘩などでストレスの多い家庭に対し「おおらかな愛」を注ぐためのチャージの場所も得られる。

それが家族再生につながることもある。

世の中きれいごとではない。心と体を健康的かつ躍動的に維持し、余裕が持ててこそ家族も幸せというものだ。

もっと、本能に素直になろう。

節度ある暴走を楽しもう。そのドロップアウトの先にこそ、男の自信みなぎる世界が待っている。

本能の解放と躍動が男の自信の源となる

「会社人間」に成り下がるな

世の中には、2種類の仕事がある。

一つは頑張れば頑張るほど、男の魅力も身につき、魅力的な女性ともたくさん出会える仕事。

そしてもう一つは、魅力が身につかず女性の人脈も増えない仕事。


もしあなたの仕事が後者なら、「アナザーパラダイスの法則」を活用してほしい。

これは私も実践した方法である。仕事が地味で自信が持てない――その悲劇に負けずに第三の場所、サードスペースをつくるのである。

20代の頃、まさに私は後者にあたる職場のサラリーマンだった。

しかし、「このままでは終わりたくない」という一心で、死にもの狂いで、会社外にパラダイスを築きあげた。

本拠地は南麻布。サロンまで構え、社会人クラブ――つまりコミュニティをつくり、セレクション制で数百人のメンバーが集い、恋愛、友情、遊び、ビジネス情報交換、将来展望を語らっていた。

会社は男の魅力鍛錬においては完全に不毛ではあったが、このアナザーパラダイスがあったので、自分を存分に磨き続けることができた。

魅力的な女性との縁もどんどん広がり、全員が大好き状態の毎日を過ごした。

私も、そして周囲も大いに楽しんだ。大成果だった。

そこで得たノウハウや人脈により転職し、好きな人や世界観が合う人とだけ、わがままに仕事をした。


会社外の魅力人脈を1年かけてつくる。そして2年で盤石にする。これをあなたにも、おすすめしたい。

まずはたった二～三人の仲間からでいい。

しかし、社外に友人がいないという方は、それすらもハードルが高い。それでも魅力的な男女の友達を趣味やスポーツを通じて見つけると心に決める。

必死の思いで、欠落している自分を補おう。

とはいえ、あなたのマインドのレベルが上がらないと、魅力人の仲間になるのは難しい。

マインドを上げるには、魅力人の真似をするのがいい。

まずは服からだ。服を〝着替える〟と「気も変わる」。内面もふるまいも変わる。出会いの場所に行く意欲だって湧き上がる。「自分はダサいから」というコンプレックスも消える。

新しい「気」をまとい、スポーツ、趣味、飲み会、イベント、パーティ、勉強会など、しっかり寄り道をしよう。

そのサードスペースこそが、あなたが「自己実現」をする場所だ。自己実現は、会社だけでするものではない。

自己実現すればするほど、あなたは自信に満ちあふれる。その舞台を会社外にもとめるのだ。

まずは社外に友人を三人つくることから、はじめよう

「いい人」をやめる

フェロモンやモテオーラは、ストレスに弱い。

しかし、多くの人がストレスによりフェロモンを消滅させている。メスにとって気になる存在であり続けるためには、できるだけストレスを避け、快楽を摂取することが大切だ。

そうとわかっていても、日々の仕事からストレスは容赦なくかかってくる。そしてほとんどの「快」「不快」は「人間関係」によって左右される。

職場でも人間関係がいいと仕事が楽しいし、一日が楽しいものである。その逆もまた真なりである。

とにもかくにも、できる限りいやな人間関係を捨てることが重要だ。

なんとなく思っているだけでは、現実は変わらない。思い切って残酷で、破壊的な気持ちになる。それくらいの覚悟がないと、何も現状は変わらない。

勇気が出る話を、ここで一つ紹介しよう。

あなたがなんとなく切りたいなと思っている縁は、実のところ相手にとっても同程度のものでしかない。

相手もその縁を手放したい――そう思っていることが多いということ。

残酷で破壊的な人間関係断絶案も、実は相手から感謝されることもある。

いやな人間関係を捨てるにはまず、「いい人」をやめることが重要だ。

あなたの弱点は、おそらくその「思いやりすぎる」性格である。勝手な妄想で誰かを思いやり、相手からいやな言動をされ、頼まれてもいないのに律儀に耐え続ける。

そんな苦行はもうやめにしよう。


もう一度言おう。

縁が切れても、相手の心はまったく痛まない。

少々イラッとされたとしても、それは一瞬のこと。そのあと記憶は薄れ、徐々に距離ができてゆく。

このほんの一瞬を怖がって、大事な人生の時間を大量に無駄にしてはいけない。

会社の上司との時間。

楽しくない友人とのウダウダ飲み。

喧嘩ばかりのパートナーとの時間。

心を殺した人間関係。

家族しかり。


それらとの接点を残酷に破壊しよう。

その代わり、思い切って会いたい人とだけ会う。

「ここしかない」が不毛な人生をつくる。ゆがんだ愛情と執着心が、あなたをゆうつな時間に縛り続けるのだ。

〝大人の縁切り〟――その大胆行動が、あなたの男としての自信を変える。

「いい人」をやめて縁を切ると人生が加速する

仕事で社会的に成功する

自分に自信がない。女性の前で堂々とふるまえない。

仕事の内容を聞かれるのがいや。なにせ年収は低いし、仕事内容もダサい。

美女や魅力的な女性は「成功していてお金持ちなおしゃれさん」以外相手にしないに決まっている。自分なんかが話しかけたって迷惑なだけだ——。

そんなふうに思ったことはないだろうか？

このコンプレックスを消しさり、自信あふれる物腰と口調、ユーモアを身につける方法がある。

それが**「仕事で社会的に成功する」**ということだ。


社会的影響力を身につける。さらには年収。そして知名度、あるいは尊敬される職業。あるいは、かっこいい職業につくこと。そこで成果をあげること。

このなかで、もっとも大きな指針となるのが金銭的成功だ。

女性は男性の財力を、本能で察知する。

金がすべてではないが、ないよりはあったほうがいいという受け止め方をする。

なかにはお金を「唯一の魅力」として、測る女性もいる。

金があればおしゃれな服だって買える。美容費だってケチらなくて済む。飲み会やパーティに何度でも参加できる。夜遊びだってできる。

出会いの場所や遊びで自分を磨き、コミュニケーション力や、ホスピタリティや笑いのセンスを磨き「人慣れ」する機会を多く持つことができる。いい店に女性をつれていき、臆さず好きなものを注文し、ご馳走だってできる。旅行にだって誘える。「遊びの自由度」が広がり、生きることを楽しむ時間が増える。遊び上手に必然的になってゆくのである。

変な自慢さえしなければ、成功者はモテまくる。

もし今、あなたが成功しかかっているなら？　そのまま成功してしまおう。

一生うだつがあがらなそうなら？　そのときは「成功できそうな職種」に変える。

そういう職種に社外で挑めばいい。得意で大好きなこと――「やらされ感」なしに、没頭できる仕事を探す。

成功しよう！　そうすればあなたの恐怖は消える。
継続的に入る大きな収入の仕組みをつくること。これが成功への道である。
一発花火ではなく、自動集金装置をつくる。
毎日人が並ぶレストラン。
大人気のゲームアプリ。
人が人を呼んでくるイベント。
その仕組みをつくった人が勝つ。会社でも社外でもそれは同じことである。
ビジネスモデルが、あなたの繁殖力を支えると言っても、過言ではないのである。

「大好き」×「世の中への貢献」×「自動集金装置」をつくった人が勝つ

#「仕事直後の恋バナの法則」

本書は、男の自信に関する書籍である。

しかし、ビジネス、勉強、収入といった、表側の社会的能力を磨くことだけを奨励するものではない——これは最初に説明したとおりだ。

「僕はビジネス一辺倒だから——そういう色めきとは無縁だ……」

そんなふうに、一日じゅう仕事ばかりしているあなたでも、女性を惹き付けられるセオリーを紹介したい。これは、実際に私の知人の30代男性が活用しているものである。

それは、**「仕事直後の恋バナの法則」**である。

まじめな仕事の話の後に、一般的な恋バナに持ち込む。それだけであなたはその女性と一晩中一緒にいることすらできてしまう。

なぜそんなことが可能になるのか？「一般的な恋バナをひたすら語りあうから」だ。

ここがポイントである。

世間一般的な恋バナであれば、恋をあきらめた女性以外、必ずのってくる。

日々の生活において、ビジネスミーティングだけを、純粋に楽しんでいる女性は少ない。早く仕事の話を終わらせて、恋愛のために時間を割きたい——ほとんどの女性がそう思っている。

実際仕事が楽しくて楽しくて、仕方がない。そう思っている女性であっても、恋の話には目がない。

「最近、僕の周囲でも結婚ラッシュでして……」

まずはそんな、差しさわりのない話からはじめればいい。

すると多くの女性が、そこから身を乗り出す。

「私も、そろそろ考えないとって感じですよ……」

そんなふうに、身を乗り出してきたら、さらに一般的な話を継続する。

さて次のステップで、男の生態について語る。

「いやあ、男も2種類に分かれますね。浮気しない男と浮気ばかりする男と」

とくに浮気に関する話などは、女性の食いつきが尋常じゃない。

とある音楽関係の会社に勤める30代男性は、毎回このパターンで取引先の女性を、バーに連れ出す。

そしてそのまま始発まで飲み明かしたり、自宅に一緒に帰ったり、女性の家に泊まっている。あくまで恋愛の世間話から切り込むということ。

そして一般論や、「男たちはこう言ってます」の話題を展開する。

盛り上がってきたら、「朝まで話しましょうか？」とライトに言う。断られたら解散する。

しかし、思いのほか女性の食いつきはよい。

あなたが予測するよりもはるかに高い確率で、朝を迎えることができる。朝は難しくとも終電スルーは確実だ。まずは試してみていただきたい。

ビジネス上の商談の成立だけでは得られない達成感と自信の欠片を得ることができる。

もちろん自己責任でおこなってほしい。それが私とあなたとの約束だ。

まずは恋バナで終電越えを目指す

コラム

本当にあった「めくるめく世界」⑤

デキる男には仕事と色恋に区別がない。さらには色恋で仕事に支障をきたさない。支障をきたさないどころか、追い風に変える。

仕事と遊びの色恋をごちゃ混ぜにしたシナリオを描き、生きることを楽しむ。

某広告系の会社に勤める男性安村さん（34歳）は、かつてから協力関係にあった広告制作会社に、その会社が得意とするグラフィック分野の仕事の協力を依頼した。

このエピソードは女性から聞いた内容になる。

その女性の名前は沙織。彼女には長年交際している彼氏がいる。

沙織は肉食系のイマドキメンズである安村さんが、いかにも好きそうなタイプ。彼女が仕事の打ち合わせの後に、食事に誘われることなどは珍しくない。

「またか……」と冷めた顔の沙織。

しかし、その男は単なる色恋を越える提案を、仕事の場で仕掛けてきた。

仕事のなかに、恋に堕ちざるをえないプランを、セットで組み込んできたのである。

もちろんクライアント向けの真剣ビジネスプランとしてだ。それは沖縄が関係するプランであり、さらには彼女の技術が必要な広告展開プランだった。

「この案件を成立させて一緒に沖縄に行こう」

仕事中の彼と言えば仕事の発想力、プレゼン力、トラブル回避能力、ピンチ脱出力など、どれをとっても抜群のセクシーっぷり。

しかし、沙織は〝仕事に色恋は持ち込まない〟というスタンスで、ひたすらシャットアウトし続けた。

その数日後のこと。

「沖縄決まったけど。仕事だから一生懸命やろう！　よろしくおねがいします」

彼はとうとう、業務提携成立の旨のメールを送ってきた。

しかし、彼からのメールはすっかりビジネスライクに変わっていた。

その後も舞い込むのは、事務的なメールだけ。

沙織は「これでもう口説かれずに済む」という安心感を抱く反面、もどかしさも感じはじめる。

「あれだけ口説いておいて、案件が決まったらもう不要？」

そしてとうとう、プロジェクト当日を迎える。沖縄の現場でもとことんそっけない彼。

沙織と彼の関係は、とうとう逆転した。沙織の心は乱れに乱れる。

「彼と海の見えるホテル。この真っ白なシーツで抱き合ったらどうなるのかな……」

そんな妄想すら抱くようになった。

ついに沙織は、「女としての魅力がなくなったの？」そんな危機感と、「いやまだまだあるはずよ！」という自問自答の堂々巡りに陥る。

沖縄1日目、何もおこらないまま別々の部屋で就寝。

2日目、この日も何もなし。普通に関係者で食事をしてそのまま就寝。

迎えた3日目の朝。彼女は不機嫌で現場に出勤した。

3日目の夕方、沙織は自分から「今日食事のあと、一緒に飲みましょうよ」とLINEを入れた。

その夜、二人は南国の地で秘密の恋に落ちる。

沙織は完全に心をつかまれ、彼が彼女のなかでナンバー1となった——もちろん、遊び恋愛のジャンルにおいて。


この大胆かつ不敵な男の動きを、あなたはどう感じるか。

仕事のグランドデザインのなかに、色恋シナリオを組み込む。

案件が決まった瞬間、「仕事に集中しよう！」と放置し、お預け状態から発狂寸前まで追い込む。

これは自信のある男にしかできない演出だ。


職種にもよるが、これは決して難しい展開ではない。

外部企業への本気パートナーシップ提案。ちゃっかりとその中に、目当ての女性との恋愛シナリオも組み込む。

好意をぶちまけておいて、それでいながらセクハラやパワハラ、あるいは変な噂がたたないように現地では「放置」する。

そして女性のほうから〝引き金〟を引かせる。

男のロマンである。


あなたもまずは手頃な範囲から、試してみてはどうだろうか？

しかし、はっきり断っておく。あくまで、自己責任でおこなっていただきたい。

いきなり勢いで押し倒すなどは言語道断。

セクハラで免職となりかねないし、最悪の場合は逮捕となる。

もしうまくいけば、あなたのマインドには不動の自信が宿る。

危険かつ、くだらない自信かもしれない。

しかし、このはみだした成功体験こそが、男の底力となる。

6章

「寒い男」にならない5つの原則

こじれる予感が少しでもしたら、会って話す

ＩＴの意味は、読んで字のまま「インフォメーションテクロジー」。

つまり、コミュニケーションに革命をもたらす、インフラということになる。

しかし、この文字で伝える文化が、「オスとは言えないオス」を大量発生させている。

電話や肉声で話せば、30秒でわかり合える話を、わざわざＬＩＮＥやメールによる文字会話で伝達して、人間関係のトラブルが至るところで群発しているのだ。

ＩＴはそんなオスをこの世に大量発生させた。


ちょっと気まずい状況になるとすぐにふさぎ込み、メールやＬＩＮＥでしか対応できなくなる。そんな若者が増えていることに少々驚く。

私もこの何年かの間に、何度かそういう状況に遭遇した。

電話をしても出ない。

そのあとＬＩＮＥで「なんとなく気まずくて、このままのやりとりがいいです」と返事が来る。

私の話が長いとか、罵声を浴びせかけるとか、意見を押しつけて威圧するなら、それも仕方ない。

しかし、私はそんな対応はしない。

彼らは、このようなコミュニケーションスタンスを、女性に対してもおこなっている。

もちろん、話し合いが成立しないような非常識な相手なら、メール、LINEすべてにおいて、無視したほうがよい。

しかし、話せばわかる相手と行き違いがおきているのに、文字でしか話そうとしない。

このようなオスは、小さな行き違いを大トラブルにしてしまうことがある。

まして、込み入った話をする際は実際に会って話すか、それができなければ、せめて電話で話すのが基本だ。

このようにすれば、ほとんどの人間関係のトラブルは未然に防げる。

この手の人物は、人の気持ちを読むのがヘタな分、ネガティブな言葉を相手に送ってしまうことも多い。

これでは相手を怒らせるのも無理はない。

行き違いの予感がしたら肉声で話す

モテとか繁殖力とか、そんなことを目指す以前の問題である。

こじれる予感が少しでもしたら、会って話すこと。それがどうしても難しいならば、せめて電話で話すこと。

そのひと手間を惜しんでいるうちは、男の自信などは身につかない。

不安がよぎるときこそ、丹田に力を入れて、「エイヤッ！」と電話をかけるべきだ。

相手はあなたの男らしさと潔さ、そして丁寧な対応に納得し、ときに尊敬の念を抱いてくれるはずだ。

謝るべきときには、しっかり謝る

謝るべきときに謝れない——この時点でもうオスとは言えない。

「ここで謝っておけば潔いし、周囲だって笑って水に流して次に進める状態なのに、謝れない〝だだっこ〟になり、男を下げる」


間違っても、このような男になってはいけない。

周囲に「内面の幼児性」を、暴露するようなこの言動。

甘ったれの言動が、取返しがつかない事態を招く。

モテとか、男のフェロモン以前の問題である。

モテる要素をいくぶんか、持ち合わせていたとしても、「謝れない」時点ですべては帳消しになる。

周囲が、あなたを一人の男として見ることは、まずなくなる。

まるで、泣きわめく幼児のようだ——と、見下すだろう。しかも、幼児のような、かわいげのかけらもない。

大人になればなるほど、かつてよりもよりマメに、潔く男らしく「すみません!」「ごめんなさい！」を言うようにしたい。

潔く謝る、もしくは自分から進んで折れるなどは、自分の価値を下げる言動ではなく、逆に上げるものである。

そのように信じていい。


「それって、あまりにも当たり前のことだよね……」

しかし、これができない大人が多すぎる。


子供時代、筋のとおらない言動をする人には、容赦なく攻撃や指摘が加えられた。

しかし、それが大人になるとなくなる。放置状態になるのだ。

これが「痛い大人たちの温床」をつくる。

社会の「カビ」は、こうして繁殖する。


「潔く自分から謝る！」

この習慣を男磨きのなかに取り入れてみてほしい。

とくに実権をもちはじめた中間管理職、経営者の人ほど気をつけたい。

周囲に注意してくれる人がいない場合は、昔の男友達から、しっかり矯正してもらおう。

男の魅力と信用は謝罪の瞬間に宿る

「自慢話」は一生しない

年収自慢、肩書自慢、生まれや育ち自慢好きな男。

この手の男性がなかなか世の中からいなくならない――彼らこそ有史以来、人としての失敗作なのだと感じる。男からも女からも嫌われる。

公害をまき散らしながら、恥をかき続ける。

「お母さんすごいでしょ？　認めてよ！　褒めてよ」そう言うかのように、訴え続ける。

しかし、周囲は真逆の評価をする。

この痛々しい小悪は、なぜ世の中からなくならないのか？　同じ男として、とても残念に思う。

こんなに多くの人が、「不快感」を感じているのに。

個人的にはこういう人がいた会合には、二度と行きたくないと思う。

会の主催者や、その男性と交友関係がある人のメンツも丸つぶれである。

寒いギャグを連発するよりも、はるかに恥ずかしい。

汚い体を見せまくり「どう？　どう？」と、「高評価」を周囲に求めるのと同じこと。

周囲は苦笑いして「ご立派ですね」と言うしかない。

本人は満悦して、ますますその汚い裸を見せたがる。


心当たりのある人は、今日から一生この〝加害者〟から足を洗おう。

そうしないと、自信のある男になったつもりが、陰で笑われ続けるだけになってしまう。

いつかその嘲笑の事実を知り、死ぬほどの恥ずかしさを抱き、のたうち回ることになりかねない。


収入、学歴、すごい企業に勤めていることも、それ自体はすばらしいことだ。

しかし、それを自慢したとたん、あなたは社会のヒエラルキーの一番下に瞬時に追いやられる。

「すごいですね」のその笑顔の裏で、人々の容赦ない切り捨てにあう。

そのあとの挽回はもう、ほぼ無理である。

自慢話は汚い裸を見せつけるのと同じ

コアラ男に要注意

世の中には2種類の男がいる。

告白して振られたときに、「自分の改善点」を探す男と、「相手の女性に攻撃的になる男」。

後者をコアラ男という。

求愛中は温厚で控えめ、そして臆病。それなのに、求愛に失敗すると牙をむく。

コアラは求愛に失敗すると、その腹いせにそのメスを木からひきずりおろし、その木を自分のものにしてしまうことがあるという。

これと同じように告白した際に自分を振った女性に攻撃的になったり、メールで長文のクレームを送ったり、あるいは掲示板に悪口や本人が傷つく写真を張ったりする、人間のオスもいる。

あるいは、ストーカーになって本人やその家族や周囲の人を傷つけたり、命を奪ったりする男もいる。

私も過去に何度か、女性に振られた経験がある。自分の価値の低さに、嘆いたものだ。

しかし、あるとき、「〝相手の勝手〟だし、〝自分の魅力が低く相手を魅了できなかった〟――ただそれだけのこと。自分だって、告白してくる女性を断ったこともある」と、冷静に受けとめるようになった。あなたも経験があるのではないか。

「良い意味でのあきらめ」と「切り替え」ができないと、大人のオスになりきれない。そして、周囲に大きな迷惑をかけ続ける。

あなたを振ったその女性は、そもそもあなたとは別の価値判断で別の人生を生きる生き物である。

目の前のオスを受け入れること、彼女が好きになるも、そうじゃないのも、彼女の勝手であるということ。それを認識しないといけない。

逆に言えば、あなたが魅力的になり、求愛力と繁殖力を身につければ、向こうからあなたのもとにやってくる。メスたちが押し寄せる。

つまり、すべては、オスであるあなた次第であるということだ。

100%の女性に好かれるのは、まず無理だ。しかし、今一人いるかいないかのあなたのファンの女性を、20人、30人に増やすことはできる。こうなるためには、あなたのファンになりうる20人に会うまで、声をかけ続ければいい。

あなたにNOと言った女性とは、「あ、そうですか！ じゃあ友達になりましょう」と生産的な関係を結べばいい。

自分を磨かないでそれをやっても、徒労に終わる。だから、必ずまず自分を磨く。自分を磨くことなく、好みの女性に自分を押し付けても、周囲もあなたも苦しいだけだ。

この原理原則を理解すれば、チャンスは必ずやってくる。

男の誇りを取り戻そう。

自分の価値を上げれば女性があなたを放っておかない

「コソ泥」の香りはまとうな

どんな自由恋愛主義を貫こうとも、色恋において女性を傷つけてはいけない。

「付き合おうよ」と本気、本命の交際を申込むように見せかけてお泊まりし、目的達成後、自然消滅をしてしまう男性。彼らに色恋を楽しむ資格はない。

女性はおおいに傷つき、心身を病み男性不信となる。

女性は自分が遊ばれ、捨てられた理由を究明すべく、自分を責め続ける。

あるいは周囲の男性に、その出来事を相談する。

10代の頃よりイベントを開催していたこの身としては、このようなトラブルメーカーの男性に頭を悩まされ続けてきた。

この手の男は、男性からも顰蹙《ひんしゅく》を買う。

輪を壊すからだ。これまで、この手の男性に何十回厳重注意をしたり、手切れをしてきたことか。

これは本当に、自信がある男のすることではない。

むしろ**「付き合おう」と言わないと、女性とお泊まりできないオス**は、**弱いオス**の部類に入る。

実際にモテる男は、「遊びの関係」で誘ったとしても女性が受け入れてくれる。

あるいは女性のほうから、遊びの関係に誘ってくることもある。

さらには遊びの関係を結んだにもかかわらず、良好な友情を芽生えさせ、イベントにあらたな女性をつれてきてくれたりもする。


遊びならば、最初から付き合おうとは言ってはいけない。

付き合うことをほのめかす男は、迷惑でしかない。

このような男は、実は強いオスの群れのなかではめっぽう地位が低い。

信用されないし、本音では誰からも相手にされない。


モテ本を読んだり、大モテの先輩から教わったとかなんとかで、このような不毛な食い漁りをする男になってはいけない。

下衆でダサくて、粋じゃない。

抱ければいいというわけではない。詐欺とコソ泥の香りのする男に、なってはいけないのである。

遊ぶなら最高の遊びの関係をプレゼントしよう。

堂々と自由恋愛を示し、そのうえで惚れさせる。
それが基本中の基本の遊び人のルールなのである。
この絶対ルールを守れる男性だけが、本当の自信を身につけられるのである。

遊ぶなら「最高の遊びの関係」をプレゼントせよ

著者紹介

潮凪洋介（しおなぎ・ようすけ）

エッセイスト・講演家・ライフスタイルコンサルタント。

早稲田大卒。株式会社ハートランド代表取締役。

「生きることを楽しむ人生設計」のための「ライフスタイルアドバイス」を講演やカウンセリングを通じて実施。恋愛成就から自己実現までを広くサポート。

全国の地域活性化「婚活事業」に講演やイベントプロデュースを通じて寄与。

『「男の色気」のつくり方』（あさ出版）他、ベスト・ロングセラー多数あり。

◆ Harbor Party Project ～海辺の大人の社交場～　http://hl-inc.jp/harbor-party/
◆ FREEDOM COLLAGE　http://hl-inc.jp/freedream/
◆リアルエッセイスト養成塾　http://www.hl-inc.jp/essayist/

「男《おとこ》の自信《じしん》」のつくり方《かた》　〈検印省略〉

2016年 10 月 3 日 第 1 刷発行

著　者――潮凪 洋介（しおなぎ・ようすけ）
発行者――佐藤 和夫

発行所――株式会社あさ出版

〒171-0022 東京都豊島区南池袋 2-9-9 第一池袋ホワイトビル 6F
電　話　03 (3983) 3225（販売）
　　　　03 (3983) 3227（編集）
F A X　03 (3983) 3226
U R L　http://www.asa21.com/
E-mail　info@asa21.com
振　替　00160-1-720619

印刷・製本 美研プリンティング(株)
乱丁本・落丁本はお取替え致します。

facebook　http://www.facebook.com/asapublishing
twitter　http://twitter.com/asapublishing

ISBN978-4-86063-919-8 C2034